为 人 生 提 供 领 跑 世 界 的 力 量

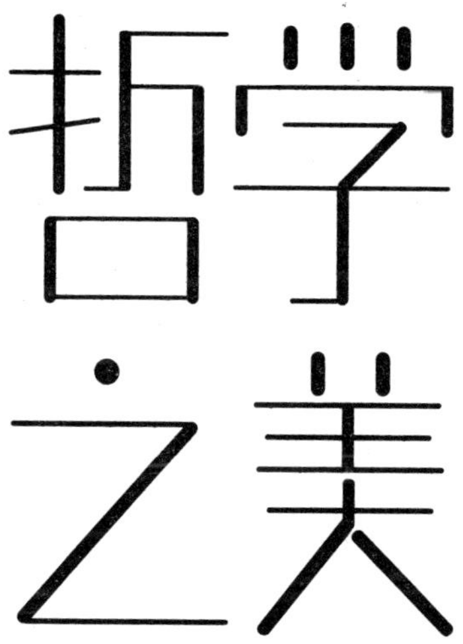

〔德〕艾克哈特·玛腾斯 著
陈惠雯 任扬 译

目录
Contents

小心，牛虻！

“我认为，人们应该只读那些撕咬人心灵的作品。”卡夫卡曾在给友人的一封信中表明，自己期待阅读优秀的作品，这种期待如同我们对哲学思想的期待一样：优秀的哲学揪人心，撕咬着人的心灵。在法庭受审申辩时，苏格拉底自比为一只牛虻（参见第二章）。在他的一生中，苏格拉底不断地质问城邦的民众，直击他们的心灵。苏格拉底的哲学思想不单单是那些枯燥的哲学原理，还给人启迪，改变了我们的思维方式、生活方式以及对自我的认知。任何优秀的哲学思想都与人有关：涉及我们在日常生活、政治、工作以及学术领域所忽视的基本问题。

雅典人判了 70 岁的苏格拉底死刑，这一处决也最终使雅典人得以摆脱了这个烦人的苏格拉底。哲学思想受到众人如此严重的排挤反对，这种情况不多，只有在特殊情况下，哲学才能“一拳打醒众人”，或是“一斧凿开众人冰冻的心海”，正如上文提到的卡夫卡在信中对优秀作品所提出的严苛要求。但是哲学这只烦人的牛虻，不断地促人痛苦思索，甚至改变我们的生活。“现在我已了解他，知道人们必须忍受他”，在柏拉图的《拉凯斯篇》中，他曾试着劝诫对话者提防苏格拉底，这一切当然是徒劳的。人们为什么或者是否应该去了解苏格拉底和其他“哲学牛虻”？动机绝不是出于自虐的快感以及永无止境的沉思所带来的乐趣，也许只是因为喜欢思考，并希望向哲学家学习那些对生命重要的东西。

优秀的哲学揪人心——我想从独特的视角切入，以此书引领读者走进哲学。书中精选了一些例子，来解释优秀的哲学是如何以不同的方式，一再让个体、让时代接受思想的考验。当然，例子的选择必定带有一定的主观性和局限性，因为我结合的是自身在学校课堂上的思考经验，而他人的思考经验可能截然不同。我想将思考的重点放在深受科学技术影响的世界这一主题的一些基本问题上，我相信应该对此深入研究。我的目标是以这一方式，引导读者学习优秀的哲学，对古代哲学家有全新的认识。

个别章节中出现的图片、比喻或是哲学语言所描绘的场景，同样也能激发我们的想象力和思考。此书中古典哲学的部分比较多，除了我本人有所偏爱之外，也是因为哲学在发展之初不仅提出了人类的基本问题，还尝试着对此做出简单的回答。各个章节既可以独立阅读，也可以通过参考索引相互联系。而本书主线，贯穿全文的是这一问题——对个体和社会来说，自由的思想和行为意味着什么？

同时，本书尝试以今日之视角多方位解答康德四问："我能知道什么""我应该做什么""我可以希望什么"以及终极命题"人是什么"。

理解书中所选古典哲学家具有挑衅意味的文字和思想，对此进行批判性的思考，需要费一定的脑力，但同时也会给人带来自由而无拘无束思考的乐趣，如同经历了一次疲惫却难忘的徒步旅行或是帆船比赛。这样的哲学体验需要"悠闲"（希腊语：schole）。"悠闲"不仅需要以生活、工作等外部条件的自由为前提，还要有从自己思想束缚中解放的意愿。柏拉图的《泰阿泰德篇》中曾写道，苏格拉底将哲学式的悠闲同法庭上的发言做对比，而这些发言在当时的审判过程中是用滴漏和严格的程序进行计时的：

> 青年时代起就在法庭和类似地方走动的人，似乎与那些伴着哲学和类似活动长大的人相比，不同于自由人，更像是如同奴隶一般被抚养长大。究竟为何？因为后者拥有所谓的"悠闲"，他们能从容而自由地进行研究。而

前者却只能在时间压力下谈话，因为滴漏中滴下的水在催促着他们。此外，他们还无法根据自己的喜好选择谈话主题，只能任由对手站在身边向他们施压。他们古板狭隘，墨守成规，没有骨气。因为他们从小过着的奴役生活阻碍了他们的发展，阻碍了他们习得直率而自由的行为。

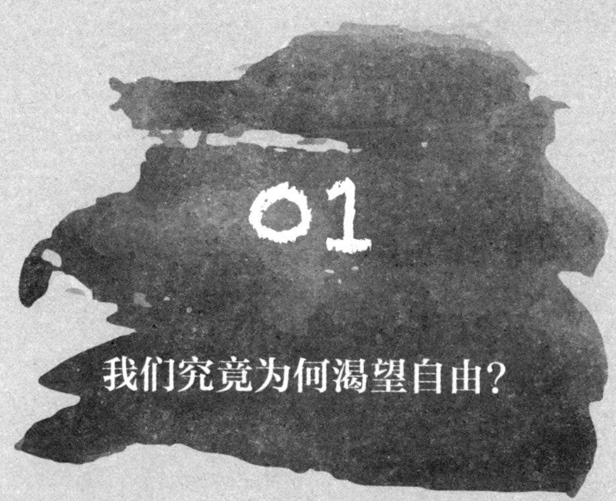

01

我们究竟为何渴望自由？

西西弗斯的巨石

西西弗斯“拼尽全力”，重复着把一块“巨石”推向山顶。每次还未到达山顶，巨石就又滚落了下来。西西弗斯不得不重新开始，徒劳地重复着他的动作。对此，我们能够想象到，这个任务给西西弗斯带来的是“永无止境的折磨”。

我还看到了西西弗斯，承受着痛苦的折磨，
用双臂推着巨石。
千真万确，手脚并用地推着，
推着巨石上山顶；正当他
将巨石推到山顶，巨石的重力却
一再将他推回，滚落至山谷。
而他重新推起巨石，拼命推着，
汗流浃背，尘土垢面。

西西弗斯，是古希腊神话中的一个人物形象，我们也可将他视为第一位哲学家。据我们所知，他是第一个尝试反抗神灵权威，将命运掌握在自己手中的凡人。他渴望自由，因此必须以悲惨的命运作为代价。上文所引用的荷马《奥德赛》中的诗句，描绘的正是西西弗斯悲惨的命运。西西弗斯“拼尽全力”，重复着把一块“巨石”推向山顶。每次还未到达山顶，巨石就又滚落了下来。西西弗斯不得不重新开始，徒劳地重复着他的动作。对此，我们能够想象到，这个任务给西西弗斯带来的是“永无止境的折磨”。

但是，我们为何要进一步了解西西弗斯呢？他似乎并未将他的反抗视为痛苦。渴望自由到底是否有益于他？有益于我们？如果依靠某些神灵或是存在一个完美的系统，能够为我们规划好一切，我们无须为其他事情思考，无须做任何决定，这样是不是更好呢？过着无忧无虑、随心所欲的生活，我们还要奢求什么呢？幸福机器[①]是人类的一个古老梦想，时至今日，也是一项受欢迎的儿童游戏以及哲学家们所设计的思想实验：如果所有——不仅仅是几个——我们曾费神许下的愿望自动实现了，那么会怎样？即便只是身处幻境，我们也会幸福吗？要想实现这样的梦想，无须重返众神统治的荷马时代，因为他们并非仁慈的统治者，他们彼此争吵，也不善待人民。在全知、全能和至善的基督神灵统治下幸福地生活，这个想象中的场景最迟从那场给所有人带来不幸的，具有毁灭性的里斯本大地震（1755）后开始，便几乎无人再相信了。神义论试着论证上帝存在的合理性，上帝的道路是凡人不可企及的，但这无法使多数人信服。在经历世间万难后，我们为何还要相信仁善的神灵呢？

从先进的知识型、技术型社会的角度出发，戴夫·艾格斯的全球畅销书《圆环》描述道，在没有人们自由思考和做

① 幸福机器：是一种能让人进入幻境体验幸福感的机器。（译者注）

决定的风险与艰辛的情况下，可以试着建立一种充满仁爱和幸福的完美统治机制。他所认为的反乌托邦，是一个由数据信息统治的极权时代，不像乔治·奥威尔《1984》一书中描述的那般恐怖，艾格斯《圆环》中的工程师将乌托邦视为人类共同生活的终极乐园。他认为《圆环》描绘了未来社会的状态，那时会有一条完整的信息流，将包括过去、现在以及未来发生的全部事件，且每个人都能下载这条信息流，而这一未来社会的状态在艾格斯看来早已在当今社会萌芽。圆环对用户来说或许是优质的服务系统，能为每个人提供安全和健康的保障，但同时也全面控制着所有用户。而对于圆环创始人和“智者”之一的贝利而言，隐私的泄露及丧失自我思考的能力并不算什么，更为重要的是不仅要获得安全而无忧的生活，还要获得期望中完美的道德：“如果我们的一举一动都被人监视，那会怎样？后果会是道德生活的转变。如果一举一动都有人监视，试问，谁还会干那些违反道德伦理和法律的事呢？我们也许最后会被迫成为一个更好的人。我相信，人们会因此活得更加轻松，全世界的人也都可以如释重负。”“聪明”的贝利坚信，不仅是道德问题，还有人类所经历的那些古老灾祸都会消失：“我们能解决任何问题。我们能治愈任何疾病，消除饥荒，我们能办到一切，因为我们不再被人性自身的弱点所束缚。”

所有问题都能依靠智慧和完全透明化解决，即便人们接受了这一不太现实的前提，但从许多方面来看，这个圆环－乌托邦理论是站不住脚的：第一，它假设了一个从物理学上，以及身心过程来看都不可能没有缺陷的决定论（参见第九章）；第二，它没有考虑到由谁来监视那些管理者的问题，监视管理者是否让自己的行为足够透明化，以符合道德规范；第三，它对道德是否等同法律，是否能够在无人支持下存在，这些问题不置可否；第四，它没有预估到尽管人们承认了“圆环”所带来的优惠，但对是否一切都有了最佳规划仍持怀疑态度；第五，它忽略了许多人想自行决定自己想要什么。总之，圆环－乌托邦理论会使人成为傀儡，被动接受所有发生在自己身上的事，不想也不能自行思考。也许这一理论忽视了人类进化中的一个决定性的选择优势，忽视了人类是通过不断进化演变而来的，因此能回顾自己的决定，也能灵活地考虑到意料之外的那些异常现象（韦尔施，2012）。

在哲学传统和我们的自我认知中，在反思演化存活优势的过程中，我们认识到了人类“自主”和“尊严”的特殊性（参见第八章）。多数人不愿如傀儡般被他人操纵，而是想自觉而自信地活着，即自己做决定，自由地选择人生道路。而对自由的原始渴望也改变不了一个事实，那就是自由而优质生活的前提是要存活下去。但两者是互相矛盾的。尽管在对抗众神的过程中冒着失去生命的危险，但西西弗斯仍决定以外在的不自由作为代价，为自由一搏。尽管他可能未深入地考虑“艰辛的自由或幸福的奴役”这一根本问题，但西西弗斯对其生活方式的选择足以使他成为第一位哲学家。

我们对西西弗斯的了解主要来自荷马的《奥德赛》，相传荷马生活在公元前八世纪。希腊人战胜特洛伊之后，奥德修斯长年四处漂泊，最终回到了他的国家——伊塔卡岛，回到了妻子珀涅罗珀身边。除了历经千难万险之外，奥德修斯还游荡到了地狱。荷马描述了在笼罩着死亡阴影的地狱中，除了感受到在希腊对抗特洛伊战争中牺牲英雄的悲惨命运，还有奥德修斯是如何感受到西西弗斯所遭受的折磨的。通过荷马的描述，我们无法得知西西弗斯其他的生平事迹。但借助其他的古代文献，我们还了解到西西弗斯曾是科林斯的国王，是一位强大的统治者。在高估自己的能力之后，西西弗斯向众神之王宙斯发出了挑战，还去离间众神。西西弗斯发现宙斯掳走了美貌的埃癸娜，即河神阿索波斯的女儿，于是向阿索波斯告发了此事。作为回报，阿索波斯向西西弗斯承诺，在科林斯城堡中凿开一处新的水源。当宙斯听说西西弗斯告密之事后，就派去了死神塔纳托斯要将西西弗斯押进地狱。但西西弗斯毁掉了塔纳托斯的力量，将他关进了监狱。于是，世间没有了死亡，死神丧失了能力。然而最终愤怒的塔纳托斯重获自由，将西西弗斯放逐到了地狱。但西西弗斯再一次骗了众神，重返人间，回到了他的国家。最终，他终究是无法摆脱众神的力量，正如荷马所描述的，西西弗斯虽是“人间最聪明的”，但再聪明也无济于事。在荷马的《伊利亚特》中，他曾以希腊英雄阿喀琉斯为例，来控诉凡人面对神灵时的无力感。阿波罗曾将阿喀琉斯赶出特洛伊城：

> 你伤害了我，众神中最堕落者……
> 你夺走了我的荣耀，轻易地救了那些人，
> 因为你毫不畏惧后世的报复。
> 若我有那能力，我愿让你付出代价。

流传的文献中没有提到西西弗斯是否就此屈服于他的命运，还是仍存有为追求自由而反抗的意识。毕竟作为一个非永生的凡人，他曾对抗过那些永生的神灵，尽管他深知，众神是万能的，自己终将受到惩罚。但西西弗斯自愿接受了惩罚，将命运掌握在了自己手中。

自古以来，人们对西西弗斯这一神话人物形象有诸多不同的解析。其中，当属作家、存在主义哲学家阿尔贝·加缪（1913—1960）从哲学角度做出的解析最为经典。在西西弗斯这一神话人物形象中，加缪看到了那些对抗众神以及其他当权者的凡人的原型。1942 年，德军占领法国期间，加缪出版了他的随笔集《西西弗斯的神话》。因此，加缪的反抗主题也可从政治角度进行解读。此外，他还描述了当时的社会政治情况：“如今的工人终其一生做着相同的工作，他们

的命运也是如此荒谬。”加缪认为，西西弗斯的命运折射出了那个时代人类命运的普遍性。他认为西西弗斯具有追求自由的自我意识，甚至有一种因抗争而获得的内在幸福感。在他看来，这种感觉在西西弗斯不断地将巨石推向山顶的过程中最能体现：“西西弗斯所承受的苦难如同有规律的呼吸那样，那个时刻便是感知自我的时刻。他离开山顶，逐渐消失在众神栖居地时，西西弗斯便已凌驾于自己的命运之上。他比他的巨石更加强大。”在加缪看来，“西西弗斯已将命运变成了由人类自我规范的事务了，其中还有他隐秘的喜悦之情。他的命运属于他自己，他的巨石也属于他。荒谬的人一旦想起自己所经历的痛苦，让众神也哑口无言了。在宇宙中，突然间的沉默，反而会使世间众多微弱而奇异的声音变大。无意识的低声呼唤，所有反映在脸上的诉求都是为胜利而付出的代价。有光便有影，我们也必须认识黑夜。荒谬的人答应了，于是他们一刻不停地努力着”。正是在西西弗斯看似无望的抗争中，加缪看到了人类幸福的典范，正如他在随笔集《西西弗斯的神话》的结尾写道：“登上顶峰的斗争足以充实一个人的心灵，我们必须将西西弗斯想象成一个幸福的人。”

人们不禁怀疑，为何西西弗斯如此无望的行为，偏偏能象征幸福，而不是意味着失败。因为，西西弗斯顽强的反抗可被视为人类为追求自由迈出的第一步，即便没有显著的成

阿尔贝·加缪（1913—1960），作家、存在主义哲学家

在西西弗斯看似无望的抗争中，加缪看到了人类幸福的典范，正如他在随笔集《西西弗斯的神话》的结尾写道："登上顶峰的斗争足以充实一个人的心灵，我们必须将西西弗斯想象成一个幸福的人。"

果也意味着幸福。尽管饱受折磨，西西弗斯仍是幸福的，因为他不听天由命，深信自己拥有解放自我的力量。此外，西西弗斯的处境也并非毫无希望。他还是可以期望他的抗争行为能为他人带去勇气，或是期望他自己抑或他人能够解放自己。西西弗斯不仅自身经受着磨难，而且还可能严重伤害了众神的尊严，这些神灵在荷马笔下沾染了人类所有的缺点。优秀的哲学不仅使被统治者，也会使统治者体会到疼痛感，甚至最终打破他们的统治。

从西西弗斯开始，人类对神灵的抗争便从未停止。在希腊的启蒙运动时期，正如威廉·内斯特勒为他知名的书取的名字一样，思想由神话发展到了理性。神话和理性，这两种人类所依循的形式，被紧密地联系在了一起。在荷马笔下的神话中，对抗神灵的人被描述成了“最聪明的人”，比如西西弗斯深思熟虑后的举动。整体来说，神话中的人类形象不仅是被众神操纵的无意识的傀儡，也是一种有理智的生物，如亚里士多德对人类所定义的那样。古希腊人类文明发展的下一步便是认知人类即是神话的创造者，包括那些众神力量凌驾于人类之上的神话。理性开始看清自身的神话形式。

相反，公元前700年，诗人赫西俄德试着使他的听众相信，有关世界起源和万物秩序的神话和小说是众神的直接昭示。在他的作品《神谱》的开篇，便是宙斯之女缪斯们发出的呼唤：

让我们从赫利孔的缪斯们开始歌唱吧。
她们教给赫西俄德一支圣歌，
当他在神圣的赫利孔山下放牧羊群时。
奥林匹亚高贵的缪斯们开始向我诉说，
神盾持有者宙斯的女儿们。

但色诺芬尼（约前565—约前473）毁掉了荷马和赫西俄德的神话，使当时的思想一片混乱。几个世纪以来，希腊人都以神话为导向，这被柏拉图批判为不道德神灵的腐败文明。而在柏拉图之前，色诺芬尼就曾断定，神话中的人类根据自身形象创造了众神，并赋予了众神人类最邪恶的本性："这一切都是荷马和赫西俄德所造成的，使众神具有了只在人类身上会被辱骂和指责的品性：偷窃、淫乱和互相欺骗。……凡人都以为众神穿着和凡人一样的长袍，拥有和凡人一样的声音、身形。就像要是牛、马和狮子都有手，都能像人类一样用手绘画，制作东西，那么这些马、牛也会画出像马、像牛一样身形的神灵。……衣索比亚人声称他们的神灵有着朝天鼻，而且皮肤黝黑。色雷斯人的神灵则是蓝眼红发。"因此，其他文明中的神灵有着截然不同的形象。正是基于对这些文明的了解，色诺芬尼发现神灵的形象都是拟人化的。虽然他基本上确定了一个假设，存在着这样一个神灵，但是这个神灵丝毫没有任何拟人化的特征。色诺芬尼将神灵视为纯粹的灵魂创造者和世界的主宰者，神话里的神也就变成了哲学之神，但色诺芬尼在怀疑论和不可知论的影响下对此仍持保留态度：“在凡人和众神之间最伟大，最独一无二的神，不管是外形还是思想都不像凡人。神能看见一切、明白一切、听见一切。……当然，没有人看到真相，也没有人知道（看到）有关神灵和万物的真相。”

神话并非起源于超自然力，而是我们人类虚构的，还赋予了众神超越人类和万物的力量。但并非神话作为神灵的智慧之音在与我们对话、开导我们——我们是谁，我们怎样生活——而是我们自己在神话里述说，我们如何感知生活，想要怎样生活。由于理性，神话丧失了解读人类命运的权威地位。色诺芬尼认为，并非神话，而是理智或是其他人类理性的想法，使人类了解自己的命运，看透神话实为人类思想的产物，众神对人类的统治实为我们自己的解读，其实我们可以自行从中解脱。

柏拉图时代，诡辩家克里底亚（前 460—前 403）在其讽刺戏《西西弗斯》中，提出了第一个摆脱神话和众神的理论。克里底亚显然对西西弗斯的命运做了深入的研究，为西西弗斯的故事写了续篇，使其结局比荷马笔下的更为幸福。克里底亚不仅将西西弗斯塑造成了一个追求自由的哲学家，还写到了他追求自由的理论。在目前流传下来的克里底亚的讽刺戏的仅存片段中，西西弗斯颠倒了神灵和凡人之间的主仆关系，他认为，不是神灵创造并统治着人类，神灵只是人类的创造物，因此不是真实的，真正统治人类的只是人类所畏惧的力量，而这种力量来源于强权政治的算计。因为人类制定的法律太过松散，以至于无法调节人们之间的矛盾，于是有个“头脑聪明的人”就将对神灵的敬畏作为执行法律的手段——直至今日，这仍是宗教被人诟病的一点：“曾经有个时代，那时人类的生活毫无秩序，如动物般弱肉强食，善人得不到奖赏，恶人也不受惩罚。于是，人类制定了法律作为惩罚，以正义为主导……然而，尽管法律阻止了人类公然施暴，但在私下人类仍是胡作非为。最初，一个头脑聪明的人为人类想出敬畏神灵、以牵制恶人行恶的方法，尽管恶人是在私下谋划、干坏事的。……因此，我认为，最初是其中的一个凡人决定相信是有神灵存在的。”同一个人物形象西西弗斯，在荷马笔下的神话中被众神打败，因而须为自己的抗争忍受折磨。但在克里底亚的讽刺戏中，西西弗斯却是一个成功者的形象，坚信神灵是人类的创造物。与此同时，克里底亚也摧毁了人类统治者的权力工具。

在希腊的启蒙运动时期，神灵逐渐被认为是我们周遭的外部世界与内在本性的自我造像，是我们恐惧和希望的产物。而人类则是自行进行斗争，表达爱恨情仇，自由地思考、做决定，再行动。荷马笔下的战神阿瑞斯，如一个双重人格者，举着长矛与特洛伊的英雄们对抗：“阿瑞斯手中挥舞着长矛，时而走到赫克托耳前面，时而跟在他后面。”因此狄俄墨得斯告诫他的希腊战友，不要再与“神性的赫克托耳”对抗，并要求战士们撤退：

> 噢，朋友们，神性的赫克托耳令我们诧异，
> 如此一位长矛武士，勇敢的战士，
> 神灵伴其身边，保佑他不受伤害；
> 如今就连阿瑞斯也和凡人一样伴其身边。
> 对抗特洛伊人的战事节节败退；
> 我们不愿与神对抗。

色诺芬尼和克里底亚笔下对神灵去神化的处理，给人类带来自由的同时，也使人类行为丧失了安全的依据，使哲学思维陷入了一个根本困境。一方面，色诺芬尼神话中的神灵形象不再是人类想象中的产物，而克里底亚也仅将神灵视为稳定人类共同生活的有效工具。另一方面，随着色诺芬尼和克里底亚的揭露，也产生了一个问题：什么能使现行法律取代神灵产生的影响？如果正义和法理不以神灵的决断为依据，那么法理似乎只会站在强权者的一方。优秀的哲学揪人心，因为它使人们不再依循平常的生活轨迹，色诺芬尼和克里底亚的启蒙哲学便证明了这一点。

尽管人类的神权思想原则上已被打破，但却一直与象征

神灵的力量有所关联：外界自然的威力以及内在破坏性欲求的本性。因此，神灵的真实性并非纯粹是人类的臆造，也无法仅凭思考就能消除。即便我们通过思考看透自己的想象，那些促使我们去思考、去感受的现象依旧真实存在。古典语言学家、哲学家布鲁诺·斯奈尔在其著作《精神的发现》中强调，去神化的神灵仍具有可感知性、威胁性和抚慰性的力量："谁想否认阿佛洛狄忒的存在？她对其他民族的影响正如她对希腊人的影响一样，即便是动物，也深受其影响。不信仰爱神阿佛洛狄忒是荒唐的——正如猎人希波吕托斯曾无视她一样，阿佛洛狄忒可以被冷落、不受关心，但她依旧存在且影响着一切，如同雅典娜和阿瑞斯一样。谁又想争论，最终是否仍是宙斯维持着世间的神圣秩序？神灵确实存在，正如世间有欢笑和泪水，正如存在于我们周遭的大自然，正如我们能够做出高尚、盛大、勇敢、坚强、精彩而愉悦的事。"

神话中的众神形象不仅是人类的幻想，也无法仅通过我们的思想被消除，而是象征着世间的真实力量和现象。赫西俄德的《神谱》（神的诞生）中对此也予以了说明。在赫西俄德笔下，神灵象征着世界的形成和发展：

> 的确，先有混沌，后有尘世，
> 无垠之界，便是众神恒久栖居之地，

栖居在奥林匹亚覆雪的山巅，
通往地面之下的塔耳塔洛斯[①]黑暗深渊，
永生的神灵中最俊美的厄洛斯；
融化深入众神与凡人的感官意识，
深入心胸，抑制周全的意旨。
于混沌之中产生了黑夜以及黑暗神厄瑞玻斯；
而光明与穹苍都由夜而生。

将赫西俄德的《神谱》(神的诞生)视为世界变化的过程，是可以理解的：无序的混沌是万物的起源，尘世是生命以及厄洛斯情欲力量的所在地。人类以神话的形式阐述着，他们是如何对抗混沌，如何在众神野蛮的力量中建立自己的秩序的，以此来象征被众神推选为“国王及统治者”的宙斯所建立的公序。

西西弗斯通过对抗神力现实，踏上了从神话转为实践自由的哲学家的理性道路。正是西西弗斯对众神的反抗，才使他有时间对自己以及世界作哲学思考，直到他被克里底亚视为神话的批判者。但从亚里士多德时代(前384—前322)起，被视为第一位哲学家的并非西西弗斯，而是泰勒斯(约前624—约前547)。亚里士多德认为，哲学家是整体

① 塔耳塔洛斯：希腊神话中冥界的一部分。(译者注)

原则性问题的思想家。在他的作品《形而上学》的开篇，亚里士多德就解释道，泰勒斯是第一个对世界和自然（希腊语：physis）起源提问的人。因此，根据亚里士多德的判断标准，亚那克希迈因斯、恩培多克勒或是阿那克萨戈拉，也都属于对整体原则性问题进行思考的哲学家。对于居住在爱奥尼亚地中海沿岸的泰勒斯来说，根据他的观察和经验，他认为“水”是万物的本原。在亚里士多德探索世间万物的运行原则或起源之际，他却未曾追问我们作为人类究竟是谁，而人类仅单纯地将神灵或是其他原则视为世界的起源。但早在泰勒斯之前，西西弗斯就认为自己是个凡人，并扬言要与神灵对抗。因此并非泰勒斯，西西弗斯才是第一位哲学家。

西西弗斯发起的挣脱众神控制的过程（拉丁文：emancipatio，意为挣脱父亲的手）不仅是追求自由的过程，同时也是痛苦醒悟以及重新思考的过程：由于哥白尼“日心说”的提出，地球上的人类不再是宇宙的中心，而是已迷失在浩瀚无垠的宇宙中。根据达尔文的进化论，我们不再是创世纪的皇冠，而必须重新评估自我能力；又根据弗洛伊德的精神分析学说，人类的理智不再是“主导”，反而会被自我的原始欲望控制，就如弗洛伊德将自己的成就视为第三自恋屈辱[1]。目前，我们的自我正经历着不同的屈辱。在生态危机中，我们明白，我们无法在不损及自身的前提下，以外部自然的“主人和拥有者”自居（笛卡尔，参见第六章）；在世界政治危机、原教旨主义和恐怖主义的挑战下，以普世人权扩充自己西方价值体系的必要性是显而易见的；人类理智的界限在知识 - 技术进步的危机中愈发明显；最后，环绕在我们周边的全球贸易与政治交互网，以及从内部操纵我们的神经系统交互网，都意味着我们必须进一步发展自我认知。什么对我们的生活很重要？我们是谁？或是我们想成为人吗？在西西弗斯之后，如果我们想要对抗那些决定世界和人类形象的神灵或神秘力量，我们必须问一问自己，什么对我们的生活很重要，以及我们是谁——这都需要付出与西西弗斯的工作相类似的努力。而苏格拉底以及其他“牛虻”便由此开始了他们的工作。

---

① 第三自恋屈辱：自我价值感受到的屈辱。根据上下文，第一屈辱为哥白尼日心说，第二屈辱为达尔文进化论，第三屈辱为本我。（译者注）

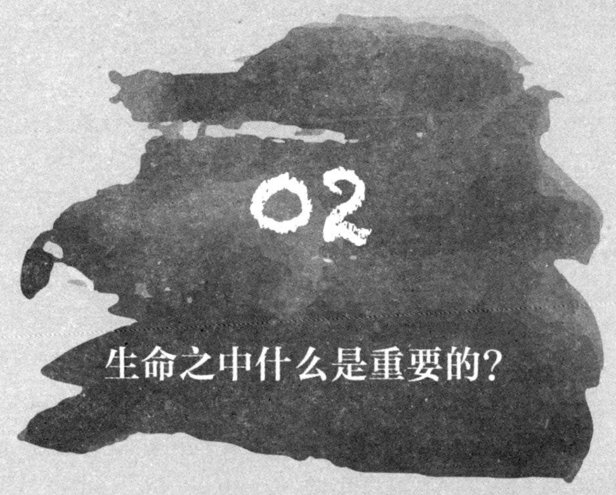

02

生命之中什么是重要的?

苏格拉底这只“牛虻”

苏格拉底（前469—前399），古希腊哲学家，西方哲学的奠基人

雅典的公民和其他人，自以为聪明有声望，却不知生命中什么才是最重要的，或是成功的人生取决于什么。正如苏格拉底在他的对话录中证实的那样，一些人完全不知道生活所必需的美德，诸如勇气、严谨、正义或是虔诚，但却夸夸其谈，好像他们知道一样。

苏格拉底:“只要我一息尚存,并且能做到,我将永不停止哲思,并且将以我一贯的方式劝说每一个我所遇到的人,告诉他们:我的好朋友,你是雅典人,一个伟大、因为教育和武力闻名于世的城邦的公民。你无须为热衷于追求金钱、荣誉和名声而羞愧,但是你却丝毫不在意理性、真相以及拥有一颗善心的重要性。如果你们中有一人反驳说他在乎,那么我不会放他走,而且会质问并且考验他。如果我发觉他不具有高贵的品格,尽管他自称拥有,那么我会训斥他,因为他轻视了美德而吹捧劣性。我会对遇到的男女老少、熟人生人都这样做,即使听起来可笑,(因为我就好比是)根据神谕指示来到这个城邦。这个城邦犹如一匹高大的骏马,因为它的体形而行动迟缓,注定被牛虻叮咬——所以,我相信这个城邦赋予了我这样的使命,成为一个不断唤醒你们的人,告诫并斥责你们每一个人，让你们能够拥有美好而悠长的生活。”

雅典哲学家苏格拉底（前 469—前 399）将从愚昧无知中唤醒他的同胞并试图改变他们视为其终身使命的关于生命中“最重要事物”的看法。尤其是他撼动了雅典的权威、统帅、祭司和政治家的地位。最终，70 岁的苏格拉底因为他的言行被送上了法庭。

在柏拉图的《申辩篇》中，苏格拉底却让那些审判者成了被告。法庭指控苏格拉底否认城邦中神灵的存在，败坏青少年的思想，苏格拉底认为这些都是由于审判者的无知。雅典的公民和其他人，自以为聪明有声望，却不知生命中什么才是最重要的，或是成功的人生取决于什么。正如苏格拉底在他的对话录中证实的那样，一些人完全不知道生活所必需的美德，诸如勇气、严谨、正义或是虔诚，但却夸夸其谈，好像他们知道一样。相反，他们在乎的是名声、权力或财富，以及其他对于他们来说重要的东西。苏格拉底深信，归根到底，是因为那些人不知道究竟何为人以及应该成为怎样的人，他们不愿也无法认识自我。苏格拉底将他的故乡雅典比作一匹“高大的骏马”，这匹马“因为它的体形而行动迟缓”，必须被催促着前行。而苏格拉底自己却像一只恼人的牛虻一样，干扰着那些自我陶醉的雅典人，把他们弄糊涂，像一条“电鳐鱼”那样，麻痹他们的思想，如柏拉图在他的《美诺篇》中写到苏格拉底：“你对我的看法完全正确，容我开个玩笑，不管是在外形还是其他方面，他就像一条宽大的海鱼，如电鳐鱼那般。因为他也让那些试图接近他的人无法动弹。”正如马儿试图用它的尾巴驱走烦人的牛虻一样，雅典人也想避开这个烦人的提问者，并将苏格拉底送上了法庭。而在苏格拉底在其辩词中继续挑衅雅典人之后，雅典人赐给了他一杯毒酒。但雅典人以及其他人并未因此摆脱这只“牛虻”，正如苏格拉底被判死刑后在他的辩词中预言的那样：“你们现在这样做，是因为你们相信，从此以后将不会再因为你们的生活方式而遭到质疑了，但我想说，事情并不是你们想的那样，将会有更多质疑你们的人出现……你们将会更加愤怒。”

苏格拉底被处决之时（前 399），雅典已不再强盛。如苏格拉底指责的那样，人民仍沉醉于伟大政治家伯里克利执政时期（约前 449—前 429）所取得的政绩中。伯里克利推动了民主的建设，巩固了雅典城邦在希腊的霸权地位，促进了雅典文化的发展，并且建立了雅典卫城。但在苏格拉底时期，雅典作为希腊曾经的一支强势力量，在与劲敌斯巴达对抗的伯罗奔尼撒战争（前 431—前 404）失利之后，便陷入了政治危机。在战争失败之后，雅典的民主不得不接受斯巴达的异族统治，而在驱逐异族统治之后，雅典人又要清算民主内部的敌人，他们认为苏格拉底便是其中之一，尤其是因为苏格拉底的一个学生克里底亚（参见第一章），是斯巴达扶植下傀儡政权的“三十暴君”之一。但苏格拉底不像“诡辩论者”（希腊语：sophia，智慧）那样，一直抗拒自称是其他人智慧的“老师”。作为哲学家（希腊语：philosophos，爱好指挥者），苏格拉底追求智慧，但不想独自占有智慧，他只是想鼓励其他人一起追求智慧。诸如克里底亚之类的学生，柏拉图在他的对话录《卡尔米德篇》中称之为热衷权力的诡辩论者，苏格拉底显然并未以这些学生为荣。相反，青年时期就结识苏格拉底的柏拉图，倾其一生钻研哲学，并尝试着回答苏格拉底提出的问题。

战争伊始，雅典还期望着能在对抗斯巴达的战争中获取胜利，取得在希腊半岛的霸权地位。在战争牺牲者葬礼的演说中，伯里克利还热情地赞扬了雅典：“我们的城邦是整个雅典的学校。每一个男人都受到了良好的教育，言谈举止符合礼仪。城邦所取得的成效表明，这些话都不是无端吹嘘，而是事实。我们的城邦能抵御任何战争，甚至比它的名声还要优秀。……因为我们的力量建立在实际行动的基础上，我们的同胞以及后代不需荷马或是其他诗人的赞美，都会对此感到惊叹。此时他们的话虽然听着舒服，但对我们行动的原因却只字未提。我们勇敢地向每一片海洋、每一块陆地挺进，随处留下我们行善或是毁灭行为的痕迹。战士们正是为了这样的信念死去的，而幸存者也乐意以同样的方式，经历同样的危险。”

长年的战争以及对抗斯巴达的失利，不仅使雅典和整个希腊陷入了政治危机，也造成了人民精神和道德上的迷失。正如修昔底德描述的：“在接下来的一段时间，整个希腊可以说将陷入动荡之中，各地将会出现分裂冲突。……每个人将会根据自己的判断改变语言原有的意义。现在，鲁莽被视为勇敢，踌躇犹豫用来掩饰恐惧，聪明的举止却被当作胆怯的借口。……所有的派别都将他们的喜好当作行为的准则。”成功的雅典民主派在驱逐斯巴达人之后，将试图接近苏格拉底的人都视为敌人，并将苏格拉底对当时民主制度的批判视为求之不得的机会，使得烦人的苏格拉底快点儿接受审判。保守的民主派不愿承认必须重新思考《荷马史诗》中的老旧价值观，并且在批判者的言辞中认清传统价值基础的敌人和破坏者。但苏格拉底并未引起危机，只是尖锐地指出了一切，却无法在短期内改变或化解危机。他的学生柏拉图想依靠他的“学院”，通过传播哲学和知识重建城邦的基础，但也没有成功。

修昔底德描述的危机，其基础深植于色诺芬尼提出的去神灵化。诡辩论者和苏格拉底对根本性的原则危机有其不同的反应。诡辩论者声称欲望以及个人专断已经取代了神灵的专制，他们当中最有影响力的代表普罗泰戈拉（前 481—约前 411）就提出“人是万物的尺度”。相反，苏格拉底却要求他的同胞们，用理智找寻新的、对众人都有约束力的原则基础，以批判性的理智取代盲目的欲望，主张塑造全新的、人性的人类形象。我们身为人类究竟是谁，以及想要成为谁，关于这一问题，在苏格拉底之后，柏拉图在他后来的谈话录《斐德罗篇》中以另一种方式解释道:“我们是怪兽吗?比怪物提丰更加怪异吗？还是我们是温柔单纯的生物，为作为神圣而高洁的大自然的一部分而喜悦？”在苏格拉底时代，他所说的提丰来自一个神话中的比喻。提丰是赫西俄德的《神谱》中的一个“巨怪”，长着一百个蛇头，有一双喷火的眼睛，并且发出可怕的声音。相反，“神圣而高洁的大自然的一部分”，苏格拉底暗指的是宙斯。据神话记载，宙斯用雷电战胜了巨怪提丰，并将他驱赶至地狱，以正义之神战胜了暴政和混乱。苏格拉底又向人们提问道，我们是否能认清理智的力量，并依靠理智来克制欲望。他问道，在个别人的灵魂深处以及城邦的体制内，欲望和理智之间协调的关系意味着什么，正如柏拉图后来在他的《理想国》中描述的那样。众神间为夺取权力发起的战争，便成了人民之间为争夺公平秩序的战争。

苏格拉底并未提出或写下其完整的理论，而是在与对话者进行哲学思考的过程中进一步发展了他的问题，并简述了他的观点。苏格拉底只想成为一名助产士，正如他的母亲费纳瑞特那样，帮他人“孕育”思想，而不是孕育自己的智慧或是游说他人。与孔子和耶稣的思想相类似，我们知道苏格拉底的哲学思想，并非通过苏格拉底自己的著作，而是通过他的学生或是同时代的人所记录的文字。他们每个人都有其多重人格和行为特殊的一面。

· 喜剧作家阿里斯托芬（约前 448—前 380）在其剧本《云》中，将苏格拉底刻画成了一个阴险的诡辩家，传授给青年人诡辩术，由此能够在法庭审判中取得优势；苏格拉底否认神灵的存在，反对那些古老的民俗，并教唆青年人反抗当权者，不再顺从。如苏格拉底在《申辩篇》中所说的，由于阿里斯托芬喜剧的传播影响，苏格拉底在雅典人民心中背负了“亵渎神灵”和“败坏青少年”的指控，这最终将他送上了法庭。

· 有关苏格拉底信息的第二个重要来源，是他的学生色诺芬（约前 430—约前 355 或 354）所著的《回忆苏格拉底》一书。身为地主和将军，色诺芬的生活方式严守规定，遵循保守的价值观。作为苏格拉底多年的学生，和未曾与苏格拉底有过亲密接触的阿里斯托芬不同，色诺芬笔下的苏格拉底是一个对雅典做出卓越贡献的人。因为苏格拉底教导青少年继承传统美德，即正义、虔诚和勇气，并且尊重城邦的神灵。色诺芬眼中的苏格拉底并未迫使雅典人进行批判性思考，而是让他们重归传统的风俗习惯。

· 第三个有关苏格拉底的信息来源，也是最重要的来源便是柏拉图（前 427—前 347）。柏拉图吸收了苏格拉底以上的两种形象，并且和哲学的苏格拉底形象相结合。柏拉图笔下的苏格拉底，如色诺芬描述的那般，尽管支持传统的价值观念，但也如阿里斯托芬在《云》中做出的中肯评价，柏拉图也批判了苏格拉底的神话立论说。如诡辩家一样，苏格拉底致力于批判性检验，但同时又致力于建立新的价值观。他希望雅典青年既不会毫不批评地服从传统，也不会漫无目的地进行批评，而是批判性、具有建设性地利用自己的理智。

柏拉图的哲学思想与他的老师苏格拉底的哲学思想较难区分，因为在大部分的对话中，苏格拉底是主讲人，其主张的大部分理论思想与后来柏拉图的思想相类似。苏格拉底的四部对话录《欧绪弗洛篇》《申辩篇》《克里托篇》《斐多篇》，除了《斐多篇》之外，其余都出自柏拉图早期的创作，记载了苏格拉底生命中受刑处决前的最后时光。与苏格拉底的其他对话录相比，在《斐多篇》中，柏拉图明显侧重了对苏格拉底的刻画，我们可以从中更好地认识苏格拉底这只“牛虻”。另外，这部对话录不仅展现了哲学思想，也使我们从中感受到了柏拉图高超的文学水平所带来的美学享受。以一些例子就妄想进一步了解苏格拉底，纯粹是白费功夫，若要与这只“牛虻”保持距离，仅仅通过外界描述去认识他便已足够。因此，接下来便应从苏格拉底的四部对话录着手，进行研究。

《欧绪弗洛篇》

从它的基本内容以及基本方法来看，苏格拉底的第一部对话录是其哲学思想的典型代表。在前往法庭的路上，苏格拉底遇到了欧绪弗洛——一个崇敬神灵的祭司。在当时的雅典，虽然欧绪弗洛的职业不再被世人重视，但其思想仍旧得到了许多雅典人的认可。欧绪弗洛和苏格拉底两人都因亵渎神灵以及不虔诚而被控告。当苏格拉底因亵渎神灵被指控时，欧绪弗洛却偏偏将自己的父亲以亵渎神灵的罪名告上了法庭。他以荷马及赫西俄德笔下的众神为引证，作为合法基础，而这些神灵正是苏格拉底所批判的。在前往法庭的路上，神话的古老世界与理智的新世界相遇了。苏格拉底的批判标准在于方法和内容。在方法层面上，苏格拉底运用了论证式谈话及思考，这至少是被对话者所默认的。苏格拉底凭借着自己的预设使对话者陷入了自相矛盾中，使他们审查所使用的概念和主张相矛盾，并对此进行更正。然而在欧绪弗洛身上，苏格拉底的方法并未见效。因为欧绪弗洛一直认为，敬神爱神才是虔诚，这也是他现在正在做的。欧绪弗洛因父亲不敬神灵而控告他，或是如对话录中写的那样，是因为父亲的不当行为——他的父亲把仆人关在井中致死。而之所以欧绪弗洛的父亲会这样对待一个仆人，是因为这个仆人杀了另一个仆人。在欧绪弗洛的控告中，他以克洛诺斯为典范。而欧绪弗洛控告父亲的行为也被其族人视为是不虔诚的。显然，许多族人认为，尊敬自己的父亲超越了所谓对神灵的虔敬。尊敬父亲和对神虔诚之间的价值冲突，正是对欧绪弗洛行为产生矛盾判断的原因：他自视其行为是虔诚的，因为他依据神灵所谓的典范行为控告了自己的父亲；而在其族人的眼中，这一行为却是不虔诚的，因为他的控告伤害了自己的父亲，是对父亲的不敬。

苏格拉底以其一贯的语气讽刺道，想向所谓预言家、祭司的欧绪弗洛学习什么是虔诚，而熟悉苏格拉底对话录的读者从一开始就明白，苏格拉底想要揭露欧绪弗洛的表面知识。欧绪弗洛回答了苏格拉底何为虔诚、何为正义的问题，并表示他此刻的行为便是虔诚的表现：控告他人的不虔诚行为，即便那个人是自己的父亲。为使其辩词合理化，欧绪弗洛引证了赫西俄德在《神谱》中描写的，他所认为的神灵的榜样行为。据记载，克洛诺斯同样也惩罚了他的父亲乌拉诺斯，乌拉诺斯因害怕他的孩子们夺权而将其驱赶到了地狱。不管是凡人还是神灵，苏格拉底并不想询问其敬神行为的事例，而是想找到一条普遍的标准，可以用来评判上述具有争议的行为。苏格拉底的问题针对的是一个具有决定性的虔诚的“理型”（希腊语，idea，字面义：形式），而不是许多具有争议的虔诚的事例——这是第一次谈到柏拉图所谓的“理型论”（参见第三章）。苏格拉底批判了欧绪弗洛的回答，他认为神灵的行为并不是标准，因为正如色诺芬尼曾批判的那样，荷马及赫西俄德笔下的众神本身就为正义和非正义的行为标准争执不断。所以，如欧绪弗洛在《神之所爱》中说的，将神灵的行为视作普遍标准不可行。

面对苏格拉底的质问，欧绪弗洛承认，虔敬的事物之所以是虔敬的，不是因为它为神所钟爱，而是恰恰相反。因为它是虔敬的，所以被神及凡人所爱，更为简明的定义是：“因为它是虔敬的，所以被钟爱，而非受到钟爱，所以是虔敬的。”依旧局限于其带有神话色彩、依附权威的视野，欧绪弗洛没有做进一步的说明便提出了第三个标准，虔敬即为“侍奉诸神”。但对于侍奉诸神什么，以及为何侍奉诸神，欧绪弗洛并未做任何解释。显然，他一直认为，自己富有争议的行为举止便代表了这种侍奉行为。欧绪弗洛既没认识到自己对虔敬或是正义的无知，也未因苏格拉底的刺激而继续思考，而是坚定地保持着自己原有的观点。正如所有柏拉图早期的对话录，《欧绪弗洛篇》最终也没有得出清楚的结论。

然而，在对话录的最后，苏格拉底给身为第三方、一起思考的对话者，也就是读者一个暗示，关于何为对诸神的侍奉。对苏格拉底而言，这关系到能否“让生活过得更好”。此外，正如他在《申辩篇》中以神话形式说的辩护词那样，他在侍奉阿波罗时也要激励雅典人。他想让雅典人通过理性的思考明白，什么对他们有利：不是“侍奉”神话中那些饱受争议的神灵，而是依靠理性找到方向。如此看来，依照充足的论据而非未经验证的观点或是盲目的兴趣才是虔敬或是正义。而仅仅依据主观的兴趣或是私欲是非正义的。诡辩家、当权者高尔吉亚在柏拉图的同名对话录中曾愤怒地指责苏格拉底，因为苏格拉底认为普遍的、“遵从欲望的人类生活”是错误的。尽管高尔吉亚理解苏格拉底，但仍不愿意改变自己的思想和生活，他不愿让苏格拉底这只“牛虻”靠近自己。

《申辩篇》

人们可以依靠自己的理智，过上“美好的生活”，在第二部苏格拉底的对话录《申辩篇》中，他在法庭上也这样说。苏格拉底在《欧绪弗洛篇》中批判了非自治以及受神灵控制的人们之后，在《申辩篇》中又批判了诡辩家的伪自主。首先，他反驳了法庭指控的渎神罪。人们不能指责他对神灵不虔敬，因为他一直是依赖自己的神灵（Daimonion）的指引，这是良知的内在声音引导的行为。如果某人依赖某个神灵的指引，那么他不可能是不虔敬的，这里苏格拉底巧妙地利用了“神性”的多重含义：一是指神话里的诸神，二是指神性的良知。苏格拉底以神话的叙述方式继续讲道，凯勒丰去德尔斐神殿请求神谕时，阿波罗的声音回答道，苏格拉底是“最聪明”的人。但是不想盲目地相信所谓的神谕，苏格拉底在与政治家、诗人和手工业者的谈话中不断自我检验，是否自己比其他人聪明。结果他的谈话对象表示，对于生命中最重要的东西，他们都自认为拥有这方面的知识，尽管并不是真正拥有；而苏格拉底并不敢妄称有这种智慧，他对此一无所知。就这点而言，苏格拉底比他的对话者都要聪明。

但这并未排除苏格拉底的观点是有根据的，他以哲学性良知测验不断重新评估自己和他人。他从根本上坚信，忍受不公比行为不公好些。在检验美好生活的不实际想法时，也就是控诉内容的第二点，苏格拉底认为他并没有败坏青少年，而是为他们以及整个城邦带去了极大的利益。因为在根本性的价值观上，基于理性的观点才能克服自己内心和城邦中由于权力、利益斗争而产生的毁灭性混乱，维持城邦的公正有序：“我相信，除了侍奉神灵，你们在城邦中不会受惠于更大的善举。当我追问你们时，我所做的没有别的，只是让你们无论男女老少，不要首先关心你们身体的舒适和财富，也不要锲而不舍地关心心灵的良好状态，我想说，并非财富创造了道德价值，而是道德价值创造了财富以及其他公有和私有的财产。”

因为这所谓的控告并未使苏格拉底意识到自己有罪，反而使其深信其哲学的价值，因此他要求无罪释放。此外，他还挑衅地质问法官："一个可怜的人需要时间成为一个善人，还需要什么唤醒你们的良知？"苏格拉底以申请在"普吕坦内昂"终身为他供应免费饮食回答了自己的问题，普吕坦内昂是广场内的行政机构所在地，值班的议员和其他贵宾的用餐地。此外如果必要的话，他也愿意缴纳 30 银币作为罚金，他的朋友们愿意为他做担保。法官们对于这一申请非常生气，因为他们认为苏格拉底不明事理且厚颜无耻，于是判处了他死刑。但死刑对于苏格拉底而言并非惩罚，他以此进一步激怒法官。正如苏格拉底对流传的神话另做诠释，死亡对他而言或是进入美好梦乡的过渡，或是一次求之不得的机会，能在彼岸的生命里继续同名人探讨公正和善良，比如和与自己同病相怜的荷马或是西西弗斯。此外，苏格拉底还要求那些控诉者，像自己对待雅典人民那样对待自己的儿子："当我的孩子们成年时，请你们'报复'他们，当你们发现他们关心金钱胜于美德时，或是他们自视过高时，请像我'折磨'你们一样去'折磨'他们。"苏格拉底这样说，就好像那些控告者有能力扮演好他的角色那样。在《申辩篇》的结尾，柏拉图再一次写道，"牛虻"苏格拉底的哲学带有怀疑的基调："现在是时候走了，我，去赴死；你们，继续生活。我们之中谁会有好运，我们都不知道——只有神灵知道。"

《克里托篇》

在苏格拉底的第三部对话录中，苏格拉底讲述了自己生活所依据的原则。克里托去监狱探视了老友苏格拉底，并劝其逃亡。他和他的朋友已经准备好了必需品，也买通了狱卒。若是他们对老友苏格拉底见死不救，他们就将背负恶名，并且他们宁可苏格拉底去流亡，也不愿他受到不公正的处决。苏格拉底回答，在他们的对话中，他们和朋友们都同意了基本原则，遵从理性，而不是私欲和单纯的想法："因为不仅现在，我一直都是如此，全身心遵从理性（逻各斯），在我思考时理性是最好的。"就内容而言，苏格拉底坚信"人们无须极度重视生活，而是要拥有好的生活"。相反，正如苏格拉底出于其经验所深信的那样，无节制的欲望不仅破坏了心灵的平衡，也危害了城邦的和睦。在苏格拉底的朋友圈内，大家也一致认为，善良是即使自己遇上了不义之事，宁可忍受不义之事，也决不做不义之事，就像他现在要接受处决一样。要是他接受了克里托逃亡的建议，他就会陷自己于不义之中，会破坏法律这一城邦的"保护墙"。正如苏格拉底提出的政治道德的现代契约理论所主张的，由于曾受过法律的保护，他自愿遵守法律。

《斐多篇》

在苏格拉底四部对话录的最后一部中，苏格拉底显然已从真相探寻者转变为了真相宣告者。在喝下毒药被处决的前夕，苏格拉底与他的密友探讨了有关灵魂在彼岸重生的问题。他的观点似乎与其在《申辩篇》结尾的不可知论观点并不一致。在《申辩篇》中，他将死亡以及可能的重生假设为美好的沉睡，或是与友人们继续进行哲学思考，且并不需要具备这方面的知识。相反，在《斐多篇》中，苏格拉底似乎想借助形而上学的理论来证明人类灵魂的不朽以及彼岸轮回的重生。虽然他即将赴死，但苏格拉底并未将死亡视为终结，而是视为彼岸更美好的生活，以此来安慰他的朋友们。灵魂因死亡而最终脱离肉体的“羁绊”，在彼岸看到理性的纯粹原貌。为证明灵魂的不朽，苏格拉底列出了更多的证据：如各种自然现象，灵魂也处于永恒的变化消逝循环之中，永无止境；学习作为回忆灵魂的渠道，需要以永恒的灵魂作为载体；灵魂作为生命的原则并不能同时具备死亡的特征。如此看来，柏拉图是借苏格拉底之口提出了自己的两个世界理论：一是短暂易逝、变化无常的可感世界，一是永恒典范的可知世界。一面是人类多变的想法，另一面是如神灵般掌握永恒真相的观点。柏拉图是否想借此在事后劝导苏格拉底以形而上学的知识取代他原先主张的无知？柏拉图是否会“羞辱”苏格拉底，让曾经的老师支持自己的理论？

然而，充满怀疑的苏格拉底和智者柏拉图之间的表面矛盾是可以消除的。苏格拉底的朋友们——毕达哥拉斯（前

580 至 570 年之间—约前 500）学派的支持者——西米阿斯和开贝斯都深信死后的灵魂不朽。苏格拉底显然是以这一观点进行论述的，他以毕达哥拉斯学派自相矛盾的行为和思想为例，论证了他们信念的荒谬性。正如苏格拉底讽刺性地说道，如果西米阿斯和开贝斯深信他们的观点，那他们就不该为即将到来的死亡而悲哀，相反应该感到高兴，因为苏格拉底将拥有一个美好的新生。苏格拉底显然不赞成毕达哥拉斯学派的观点，他不认为即将被埋葬的身体，其灵魂将在彼岸永生。他更相信那些与朋友们一起追求真理的真实存在的人："我是此时此刻与你们进行对话的苏格拉底。"苏格拉底借此表明了自己的想法，哲学意义上的死亡并不意味着避世遁隐，而是寻找真理，并且告别想象的知识。苏格拉底并不是"两个世界"理论的支持者，而是以凡人之躯思考着我们是谁以及我们应该怎样生活。

上述四本对话录展现了这只顽强的"牛虻"在不断地思考核心内容，以及苏格拉底式的哲学思考。苏格拉底不全是口语对话的哲学思考方法有以下五个特点：

· 苏格拉底以具体的情况或现象为依据，如以假定的虔诚行为为例（现象学法）。

· 他试着解释每一个对话者原有知识中所描述的那些具有争议的现象：从荷马的神话到他人日常生活的预设（注

释法)。

· 他分析和验证核心且具有争议的概念和议题，如什么是虔敬，或他是否被允许逃出监狱(分析法)。

· 我们的行为是要遵从神祇、欲望、未验的观点还是理性，他使这一分歧更为尖锐化，并且讨论了这一分歧的利弊(辩证法)。

· 最后，他得出了一个想法并完成了思想实验，如在《申辩篇》的结尾，解释了彼岸生活的意义(臆测法)。

借助了这些如今依旧被运用于哲学中的方法，苏格拉底纠缠着对话者们。他的哲思不仅折磨着对方，也让自己不好受，因为他不知道准确的答案。但是苏格拉底的四部对话录也表明，苏格拉底式的哲学思考需要勤奋努力，有自我认知并可能需要改变人生。苏格拉底深信，丧失了理智，人们就会像巨怪提丰那样听任自己的欲望摆布。

苏格拉底提倡以理性为主导进行尝试，而哲学家弗里德里希·尼采(1844—1900)拒绝将理性视为生命和本能之敌。然而，尼采拒绝苏格拉底式的思考不仅意味着误解了面向生活的哲思，也意味着误解了渴求哲学的生活。在《偶像的黄昏》一书中，弗里德里希·尼采重新“评估”了自苏格拉底和柏拉图时代起便提倡的人本——基督教的传统价值观，正如他警句册的副标题所说“怎样用铁锤作哲学思考”，而不是用推测性的理性去分析自相矛盾的信念：“我让你们

弗里德里希·尼采（1844—1900），德国哲学家

尼采拒绝将理性视为生命和本能之敌。“那刺眼的日光，绝对的理性，生命是明亮、冰冷、谨慎、有意识又无本能的，对抗本能是一种病，绝不是回归道德、健康和幸福的道路……只要生命勃发，幸福就如同本能。”

明白，苏格拉底为何使人着迷：他就如一个医生，一个治愈者。指出那些他所坚信的理性错误有必要吗？……那刺眼的日光，绝对的理性，生命是明亮、冰冷、谨慎、有意识又无本能的，对抗本能是一种病，绝不是回归道德、健康和幸福的道路……必须对抗本能——这是一种颓废的方案：只要生命勃发，幸福就如同本能。”尼采补充道：“为了了解古老又丰富的希腊式本能，我是第一个重视那些神奇且以狄俄尼索斯之名所出现的现象的人。”尼采将苏格拉底的哲学与太阳神阿波罗的名字相联系，并以酒神狄俄尼索斯与之相对抗。他错误地认为柏拉图笔下的苏格拉底将个人及城邦生活中的本能与欲望视为不可放弃的部分，例如对话录《斐德罗篇》中就将野马和驯马比作一对灵魂伴侣，而后者才能沉着又理性地牵引着车夫。

对抗尼采所赞扬的本能以及毫无束缚的欲望，还有其他的非理性主义者，“牛虻”苏格拉底毫无机会，只能是尽可能地限制非理性主义的影响范围。正如苏格拉底对人性的看法，人是自然与文化共同塑造的生物，具有本能和理性。美好的生活既不是仅以本能为基础，也不仅以理性为基础，而是两者平衡。而苏格拉底的学生柏拉图在《理想国》中所主张的哲人统治事实上则更倾向于“使理性主义成为专制”，所以尼采没有批判柏拉图，反而是错怪了苏格拉底。苏格拉底在《会饮篇》中被描述成一个寻欢作乐、喜好饮酒的人。

不管是在《申辩篇》还是在《斐多篇》，他都不畏惧死亡，并尝试着依靠理性超越生命的界限。他甚至嘲笑法官以及那些相信来世的朋友，嘲笑他们将死亡看作生命的惩罚或是解脱。而最终，不管是在现世还是在虚拟的来世中，苏格拉底都是一只“牛虻”，继续进行哲学思考。哲学于他而言是生命，而不是对纯粹理性的来世生命的渴望。

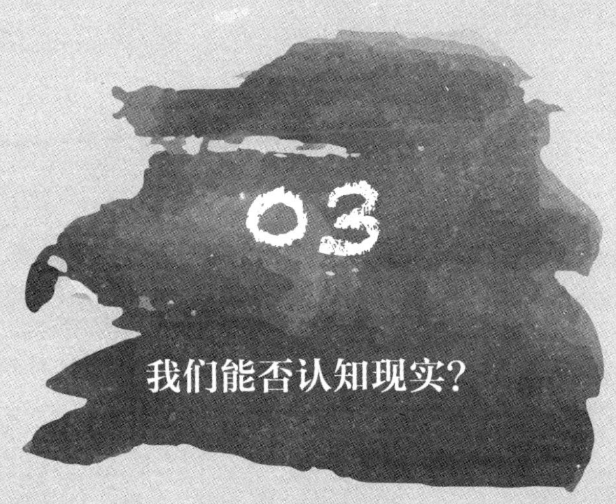

03

我们能否认知现实？

柏拉图的洞穴囚犯

从哲学意义上说，这样的解脱会带来痛苦：当解脱者转动头颈的时候，会因先前头颈的僵硬感到“疼痛”；他的眼睛会因洞中的火光而感到刺痛；这条道路根本就是折磨之路。被释放的囚犯必须逐步放弃自己对真实的原有看法，并重新学习正视现实。

苏格拉底:"你看,人好像是住在洞穴式的地下室里,它有一条长长的通道通向外面,可让和洞穴一样宽的一路亮光照进来。有一些人从小就住在这洞穴里,头颈和腿脚都被绑着,不能走动也不能转头,只能向前看洞穴后壁。继续看过去,他们背后远处高些的地方有东西燃烧着发出火光。在火光和这些被囚禁者之间,在洞外上面,有一条路。沿着路边筑有一道矮墙。矮墙的作用就像是木偶戏演员在自己和观众之间设的一道屏障,他们把木偶举到屏障上头去表演。"

格劳孔:"我看见了。"

苏格拉底:"现在你看,有一些人拿着各种器物举过墙头,从墙后面走过,有的还举着用木料、石料或其他材料制作的假人和假兽。而这些过路人,你可以料到有的在说话,有的没在说话。"

格劳孔:"苏格拉底,你说的是一个奇特的比喻和一些奇特的囚徒。"

苏格拉底:"他们是一些和我们一样的人。"

柏拉图（前 427—前 347）是世界闻名的哲学家之一。时至今日，他的作品还对哲学史以及哲学思想具有争议性的影响，并且不断被重新解读。他的洞穴理论比喻了现实认知，是哲学史上最常被阅读的一段文字，并不断挑战我们原有的思想。柏拉图到底在想什么？人们会赞同他的观点吗？洞穴之喻出自柏拉图《理想国》的中段，《理想国》是一部有关正义之国的作品，正如柏拉图众多的对话录一样，苏格拉底是此书的对话主角。书中更多传达的是柏拉图的观点，而不是苏格拉底本人的观点，读者在他们的哲学式对话中也难觅苏格拉底思想的踪迹。苏格拉底毫不在意格劳孔对“奇特景象”的惊讶，而是继续讲述这一比喻：

> 苏格拉底：“你认为这些囚徒除了火光投射到他们对面洞壁上的阴影之外，他们还能看到自己的或同伴们的什么呢？”
>
> 格劳孔：“如果他们一辈子头颈被限制了不能转动，他们又怎么能看到别的什么呢？”

苏格拉底继续讲述这比喻，洞穴中的囚徒将影子看作是真实的事物，给洞穴墙上的影子取了自己的名字。最终，他们中的一个摆脱了“枷锁和愚昧”的束缚，重获自由，并被迫离开居住之地，踏上了洞穴之外通往光明的道路。柏拉图在洞穴之喻中多次强调，从哲学意义上说，这样的解脱会带来痛苦：当解脱者转动头颈的时候，会因先前头颈的僵硬感到“疼痛”；他的眼睛会因洞中的火光而感到刺痛；这条道路根本就是折磨之路。如果释放他的人硬拖着让他走过这段崎岖多石的道路，并且直到他被拖到太阳下才放开他，那么他会不会少受些苦，只是不情愿地被拉着走呢？这段描述使人想到了苏格拉底对待自己的对话者是如此粗鲁。

被释放的囚犯必须逐步放弃自己对真实的原有看法，并重新学习正视真实。当囚犯不情愿地挪动自己原有的位置时，他才能感知到背后发生的事，并且逐渐认识到什么是真实：

· 首先，他看到的都是制作的东西，在他背后的墙上是木偶戏演员所摆弄的木偶；

· 他明白了先前在洞穴墙上看到的只是物体的成像，是背后的火光投射到洞穴墙上的影子；

· 他还不知道来回摆动的木偶也是真实物体在墙上的影像；

· 即使不顾囚犯持续的反抗，拼命地将他往上拖出洞穴，拖到太阳下，他仍然看不到真实的景象，起初看到的只有它们的影子和水中的倒影；

· 只有等他适应了明亮的阳光，他才能看到洞穴外的真实事物，比如植物或是动物；

· 过了一段时间，他也能看到天空中的星星和月亮；

· 最后，他也能自己看到太阳，即使很费劲，因为阳光很刺眼；

· 最终他明白了原来太阳是万物之源，是四季更替和日月星辰运行的起因，也是洞穴之火的起因，因此也是洞穴墙上产生影子的原因；

· 然而拥有这样的认知需要一个艰苦的学习过程，需要柏拉图之后谈到的基础教育；

· 苏格拉底声称，被释放的囚犯是幸福的，因为他的新生活不再被假象蒙蔽，而是一个真实的世界；他宁可享受运行有序的宇宙世界，也不愿回到原来的生活中去；

· 然而他被迫重回洞穴，如柏拉图所说，他不仅要学会生活在“幸福岛”上，还要能够担任洞穴现实中的政治职务，所以还必须付清他的伙食费；

· 哲学家只有在长年担任洞穴中的政治职务后，才能投身于洞穴外的真实景象；

· 洞穴之喻继续讲道，当他在洞穴里努力释放其他囚犯时，其他囚犯反而会想要杀掉他——此处明显暗示了苏格拉底的命运，柏拉图在此已做出了预言；

· 当囚犯们要改变生活，踏上寻找真相的艰难之路时，他们早已习惯了洞穴中的舒适生活了；洞穴墙上经过投射看得最为清晰，并且最令人印象深刻的是，眼前正在发生着的事，起初或后来发生的最寻常之事，所以最终能够准确预知将来会发生什么的人，就能获得“荣誉、赞美和奖励”。

所描述的囚徒生活场景，实则是被苏格拉底和柏拉图所批判的雅典政治形态。在追求“荣誉、赞美和奖励”时，所有的派别都只在意自身的利益。每个人都试着在公开的权力游戏中，依靠诡辩术精明地使他人的行为落入自己的算计中。他们只在乎自己主观的利益，而非众人共同的福祉。柏拉图笔下的苏格拉底认为，被释放囚犯的艰难之路，以及渴望在洞穴外看见真实景象的愿望，是可以理解的。刚睁开眼睛，就发现自己说了许多无知的话，或是身边有许多这样的言语，生活是如此混乱，因此没人想和这样的真实情景有关，只希望与纯粹的真相有关，尤其是错误的观点在实践中带来不利后果的时候。

柏拉图看到在当时的雅典，像苏格拉底一样的人要被处死，所以对他而言，虽曾有做高官的机会，但担任政治职务并不值得。在他的自传体《第七封信》中，柏拉图回忆在苏格拉底被处决之后，为了让自己的心灵有新的方向，或是担心作为苏格拉底的学生及批判家，会惹起许多民主问题，柏拉图曾多次前往意大利和西西里讲学。在那里，柏拉图与毕达哥拉斯学派的支持者待在一起。因柏拉图对话录《斐多篇》而闻名的毕达哥拉斯学派，相信躯体的卑劣以及灵魂的不朽，这也是洞穴之喻区分洞穴内外生活的理论基础。

在对整个洞穴之喻的进一步阐述中，“两个世界”的理论更为清晰明了：“我说，亲爱的格劳孔，整个图像必须和先前所说的相联系”，即由此发展而来的太阳之喻和线之喻。一个比喻由另一个比喻来“解释”。这两个比喻，解释了真实的理性世界和虚假的感官世界的差异。一般来说，我们认为自己感知到的便是真实的，并相信因此拥有可靠的知识。我们也相信，在日常生活和政治生活中的行为是正确的，并以所流传的观点想法为依据。“牛虻”苏格拉底就质疑了这种生活方式，也使我们为日常思考的确定性而感到困惑。在《欧绪弗洛篇》中显而易见的是，为了判定所谓的虔敬或是正义的行为，我们需要确立有关虔敬或是正义的标准或普遍的理性（参见第二章）。

虽然乍一看，苏格拉底和柏拉图寻找真理的理由充足。但人们可以质问，寻找真理是否只是具有安慰性却无用的替代品，以替代对神话中神灵的信仰？真理或真相到底意味着什么？人们怎样才能认识真理？那些以自己利益为重，却不屈服于“真理”的诡辩者有错吗？柏拉图哲学追问苏格拉底哲学的真相，并期望我们能为此承担失败的风险。

· 依靠其深受毕达哥拉斯学派影响的理念论，柏拉图的第一步试着摆脱荷马的神话世界观，也不再相信神灵是真理和正义的守护者。他常用神话中神灵所具有的特征来描写理念：永恒、美好和完美。理念取代了众神的形象，在逻各斯

柏拉图（约前 427—前 347），古希腊哲学家

根据柏拉图的观点，尽管人类只拥有不完美的知识，但总有逐步获得真知的可能性。通过以批判性的态度回溯柏拉图的思考尝试，我们这些“洞穴囚徒”就能试着从自己的“枷锁”中获得自由。

去神化的世界里，我们的行为以及对物的看法应以理念为依据。而摆脱为人熟知的荷马神话不能轻易地被雅典人接受，正如对话录《欧绪弗洛篇》所展现的那样。

·柏拉图的第二步，摆脱以神话口吻叙述的两个世界学说，则更难实现。作为精神物质的理念，难道不仅是感官世界的重复吗？理念在何处？人们如何看得到？理念对我们的认知和行为有何帮助呢？洞穴之喻传达的信息很难理解，凡人只能看到理念，所以只能由少数哲学家统治者对此进行解析，传达给世人。因此，洞穴囚徒强烈地抵制柏拉图笔下的苏格拉底“释放囚徒”的行为。

柏拉图努力地想对自己的理念论做出清晰的解释。所谓的理念是什么以及人们如何认知理念，这些问题他钻研到了最后。对我们而言，作为言谈举止标准的“共相问题”，也就是对“普遍性”的提问，直到今日还被人们争论不休：作为永恒结构的普世性是否先于或是独立于经验世界（柏拉图主义），或是存在于经验世界之内（亚里士多德主义），或是有了后来的名字（唯名论）？两个世界学说的理念只是第一手帮助，以让人走出洞穴，并且去认知我们所需要的普遍性标准或原因。在普遍性理念的帮助下，为了能在洞穴里挪动，在第一阶段痛苦地走出洞穴，以及与无法理解的日常经验决裂之后，第二阶段痛苦的努力是不可避免的，也就是和两个世界的学说决裂，正如此学说在几乎所有的哲学史中都被视作是柏拉图的学说——听起来很简单。

然而，首先值得注意的是，理念论与柏拉图的其他作品并无关联，也未有进一步的发展。即使在最知名的地方，以理念论为题的文字中，也只提到了陈腐的理念假说（《斐多篇》)。对此，我们可以用一般方式开始研究（《理想国》)。正如苏格拉底早期的对话录《欧绪弗洛篇》中所提到的（参见第二章)，如果我们将某一种行为视作是虔诚的行为，那么我们就是将虔敬的理念视为了典范。但这意味着什么，柏拉图并未做出说明。柏拉图继承了他的老师苏格拉底追求真理的过程，并通过对认知美好生活和现实的提问，补充了苏格拉底对美好生活的提问，还试着寻找这个问题的答案。就像苏格拉底一样，柏拉图在《理想国》中关心的也是基本的实践问题——美好而公平的生活，此外他还涉及了苏格拉底并未讨论的有关知识的基本理论问题。

在《泰阿泰德篇》的结尾，柏拉图讨论了何为知识的答案，知识是合理而真实的想法。但合理的事物何时才能合理，或是何谓好的理由？柏拉图的回答解释了洞穴之喻，知识就是理念，并提出了新的重大问题。人们能否将理念视作精神物质，并以此衡量物体的感官现象呢？这样的精神物质是什么，在哪里呢？对这类精神物质的看法是相同的，还是每个人有自己的观点？这些问题在洞穴之喻中只字未提，更谈不上得到回答了。从柏拉图中期到晚期的对话录开始，他就对自己第一个神话－形而上学版本的理念论越来越不满意。在他后期作品《巴门尼德篇》中，柏拉图强烈批判了理念论，而他后来的学生亚里士多德也对此进行了批判。

在《巴门尼德篇》中，柏拉图主要探讨了彼岸的理念和尘世感官物质间的分离问题。与分离论点相关的是物质论点，根据此观点，除了感官的个别物质以外，还存在着精神物质，人们可以像看待原始图像一样看待它们。而巴门尼德认为最大的疑问却是人类和神灵行为的分离问题：神灵统治者只统治神的世界，人类统治者只统治人的世界；同样，神灵只认识神界的万物，人类只认识人界万物。正如理念的哲学思想家，神话学传道者对此种行为以及实践难题感到不满，神界和人界以及理念世界和个体物质世界，无论是在神话还是在理性中都应该紧密相连。如《荷马史诗》中描写的那样，众神不仅仅是脱离世俗，居住在奥林匹亚山上，也会干预人类的行为。理念不只是美好场景的客体，我们也需要理念来作为认知和行为的依据。正如《斐利布斯篇》中所记载的，比如作为人类，我们只知道“神的球体”，而不知道“人的球体”以及其他所有的度量衡和圆，这是没有好处的。我们不仅要了解抽象的数字以及数值大小，还要能够实际运用它们，例如在建房造桥或是找路时。关于两个世界相分离这一难题，柏拉图在《巴门尼德篇》中指出，理念可以在其运用中得到认知和证明。

所以，柏拉图试着通过实践的、俗世的应用知识，去消除形而上学、彼世的理念体悟（玛腾斯，2009；弗雷德，2011；维兰德，1982）。对此，他提醒我们，为了养成良好的言行，在尘世间该如何运用言语和概念。如《斐德罗篇》所记载的，尽管人们可以随意调换使用“驴”和“马”两个单词，但运用于行为上时，不能更换其含义。尽管有悖于语言惯例，我们可以将驯养的、有长耳朵的动物称为“马”，而不是“驴”，因为我们一致同意所指为何。然而，在实际运用所描述的动物时，要满足对良好行为的期望，不能依据任意的标准或行为规范。不同于“驴”，我们对“马”的期待是，它在家里或是战场上有价值，能骑在上面打仗，也能灵敏地负载行李，对其他事情也大有帮助。不管叫什么名字的动物，这样的期待只有“马”能够实现，而不是“驴”。

苏格拉底的学生安提斯泰尼以柏拉图用过的例子，来批评雅典常见的以抽签进行的“民主”选举。这是在群众集会中很常见的现象（第欧根尼・拉尔修，1998）。柏拉图洞穴之喻中的囚犯也随意给事物和行为冠上名称，以为这样就能理解它们。然而，柏拉图与自己的老师苏格拉底一致认为，成功的政治必须由专业知识来支撑，而非偶然或权力。为了对抗诡辩式的言辞和当时的民主，柏拉图笔下的苏格拉底在《斐德罗篇》中，借用了安提斯泰尼“马”的例子用于解释“善与恶”：“当演说家在不分好坏的情况下，去说服和他一样不分好坏的民众，不是把可怜的驴子吹捧成一匹马，而是把恶吹捧为善，并且在了解了民众的想法之后，不是劝他们去做好事，而是说服他们去做坏事：那么你想他的演讲术如此这般播下的种子结出的果实当然也不会好。”倾听民主的意见在此并不意味着创造民主的民意，而是在没有“基本哲思”下的随口附和，正如柏拉图笔下的苏格拉底批判雄辩家斐德罗那样。

但是比起机敏的、只根据民众意见而非依据真理的雄辩家，经过“基本哲思”的人更能认识什么，更能成为怎样的人呢？对于柏拉图而言，确切知晓真理的典范是数学，在《理想国》中柏拉图也提到，数学对于塑造未来的哲学家非常重要。正如我们将感官上可感知的形象称为“圆”，并将它定义为由到中心等距的点所构成的线性图形（柏拉图，《第七封信》）。即使是画得再好的圆，在更为精确的观察、重测下也只能是接近了圆的定义要求，因为如粉笔微粒那样，其实各点与中心点并未等距。尽管当我们给物体赋予名称时，感官上的物体或是个别行为总能通过普遍的定义或是理念得到解释，但我们其实并未真正理解它们，只有我们了解名称的意义或理念时才算真正地理解了。理念并不以自身而存在，存在的只是感官世界中的某物之名。

柏拉图理念论的第二个版本是，理念要满足它的目的，通过使用去理解感官世界的某物，比如何为一匹马，何为正义或是何为圆形。使用的方式各不相同：或是实验性的，如金属或岩石；或是实践性的，如善良或正义的行为；或是建构式的，如圆形。在理念知识的典范——数学上，通过根据规则推演几何图形或是公式来获取真正的知识。其他两种实用知识的方式只有部分可能。当一匹马、金属或是岩石的特性在检验或是实验中没有争议时，那么判断其实践行为的“善与恶”时就没有“纯粹的认知”，柏拉图在《斐利布斯篇》中曾对此做出区分。正如柏拉图自己所认为的，纯粹的辩证法或是理念认知只能是梦寐以求的理想。除了一些理论的区分，他未在书中举出辩证法的例子，比如为了定义“钓鱼者”这一概念，定义何为“智者”，以及“带来金钱收入的辩论艺术”。最终的结论是，对于“智者”这一名称，有许多——至少是六种不同的定义。智者的闪光形象不能一概而论：智者只有对万物的表层认知，而非拥有真理。

柏拉图显然没有认真对待这个辩证法练习——对钓鱼者和智者的概念区分。但柏拉图能将什么作为真知，来反驳智者所谓的表层知识呢？通常情况下，实验性知识不成问题。对于应用知识的第二种方式，实践性知识，尽管我们没有明确的标准，但可以借用相关的主观共享经验。正如柏拉图相信，一个欲求行为、意志和理解认知相均衡的公平的城邦，可以确保所有公民可感的安稳和满意感，这正好与智者以主观权力利益为依据的方式相反，如他在第四本书《理想国》中进一步详细描述的。但在《理想国》和《法律篇》中，柏拉图相信只有少数哲人统治者拥有对城邦有利的智慧。

柏拉图早期对话录《拉凯斯篇》中对于勇敢的定义，就是一个关于可接受的、实践性知识的例子。对话者们依据他们的经验一致认为，勇敢是危险情况下的一种忍耐，但这种忍耐是源自人们如何使用力量的知识（道德知识），以及在特定的情景下，自己的力量能否作为实现所追求目标的工具（工具性知识）。从这些没有结论就结束的对话录中就可以间接得出，根据所有因素总结出的勇敢的“理念”，正如后来没有引用“理性体悟”概念，在柏拉图《理想国》的第四卷中得到详细的定义：“我认为，无论处于苦恼还是快乐中，或处于欲望还是害怕中，都永远保持这种信念而不抛弃它，任何能够做到一部分的人，都是勇敢的人。”

和“马”与“驴子”的例子相类似，每个人都基于其经验明白，如果行为与上述的条件不相符，就无法获得所期望的成功。然而什么是“可怕的”或是“不可怕的”（善的），以及在个别具体情况下如何做出决定，不仅是柏拉图，直到今天，也是被整个哲学体系都视为是伦理认知、判断力和基于实践的在目标—方法—知识层面上的问题。优秀的哲学显然要求我们有面对痛苦的双重认知，不仅我们日常生活中的常识，还有所期待的确切知识都是不完美的。这一看法表明，不管是走出洞穴进入“理念世界”，并对此加以利用，还是钻入洞穴进入“感官世界”，都只是确切知识的理想或是图像。我们更愿意通过不断地比较，验证标准并加以利用，将某物认知为某物（公正、圆形，等等）。不是进入“理念世界”获得确切知识，而是我们必须在开放的认知过程中满足于尽可能有充足理由、有待修正的想法，以不断改善我们对此的定义和利用方式。毫无疑问，介于无知和智慧之间的这种哲学令人痛苦，但却是对抗教条主义和屈服的必要方法。

正如《拉凯斯篇》中所举的有关勇敢的例子，柏拉图一开始想到的便是“理念论”的务实版本，后来他对此进行了详细说明。柏拉图笔下的苏格拉底在《理想国》第七卷中提出洞穴之喻，并根据他的神话 - 形而上学解释了“两个世界”的理论，而后柏拉图才在他的第十卷中第一次发展了他理念知识的哲学——务实版本。正如在他的哲学思考初期，柏拉图在第十卷中驳斥了神话诗人和智者，他们都是洞穴之喻中的“幻士”。柏拉图笔下的苏格拉底要求以荷马为首的诗人不该进入理想国，自称全知的智者在真善而正义的理想国也没有一席之地。柏拉图批判了诗歌和绘画艺术，认为它们是“模仿”的艺术，所指的是在洞穴之喻中引导囚犯以图像而非真实为依据，以欲望而非理智为依据。至于柏拉图对模仿艺术的批评，苏格拉底在第十卷开篇便以其一贯的方式对理念和感官物质做了区分。柏拉图借此阐述了问题，而非对他的理念论做了解答。尽管他一方面描述的理念是“一个的”“真实的”“存在的”，另一方面描述的感官物质是“许多的”“不真实的”“仅被创造的”，但却没有以他早期的神话－形而上学理念论去解读这些措辞，更像是在原有基础上发展的第二个务实的版本。为了达到这个目的，他区分了三类塑造者：第一种是“本质塑造者”或是“神”，产生一个诸如床架或桌子的理念，是柏拉图以神话的口吻表达的；第二种是“器具塑造者”或是手工业者，制造许多床架或是桌子，以作为一个理念的图像；“模仿者”或是“幻士”最终根据这些图像，在不认识真实事物的情况下，制作其他的图像，因此是距离真相最远的第三类塑造者。

柏拉图笔下的苏格拉底继续说及什么是真实，我们并不是直接观望理念就可以认知，而是要通过实践应用找出，如何更好地实现目标，如何使它有益。正如柏拉图在《斐德罗篇》中所举的例子，如果一个学过修辞术或是诡辩术的商人想把一头驴当作一匹马卖给我们，我们就能够也应该通过实际应用自行检验商人所谓的用途。我们不是根据随意给出的定义，也不是通过神一般的眼光来看清本质，确定什么是真实的。更确切地说，我们是通过确认某物的目的，并在实践中加以证明，才能认知真相，而我们也一定会为这真相而互相争执。柏拉图为理念的应用知识所举的典型例子就是辔头

(《理想国》)。柏拉图曾以神话的口吻说过，辔头是由神所创造的，而且只有神通过直接观察其所创造的本质，获得完整的知识。与神性的“本质塑造者”不同，制造辔头的人，也就是“铜匠和皮匠”，并没有直接的理念知识，而只是在间接地运用知识。因为他们必须相信骑马者的经验和描述，来得知该如何制造实用的辔头。在人类认知领域获得真知的不是纯粹的“理论家”或是“理念体悟者”，而是真正的实干家。柏拉图从这个辔头的例子中总结道：“我们难道不会说，所有的人都是这么做的吗？——怎么说呢？——不论谈到什么事物都有三种技术：使用者的技术、制造者的技术和模仿者的技术，是吧？——是的。——因此一切器具、生物和行为的至善、美与正确不都只与使用——作为人与自然创造一切的目的——有关吗？——是这样。——因此，任何事物的使用者甚至是对它最有经验的，使用者把使用中看到的该事物的性能好坏通报给制造者。例如吹奏长笛的人报告制造长笛的人，各种长笛在演奏中表现出来的性能如何，并吩咐制造怎样的一种，制造者则按照他的吩咐去制造，这是必然的。——当然。”

柏拉图应用知识的学说虽然以理念本质的假设为前提，但这种本质却不是和可感世界相分离的理念，而是生活中的一种普遍的结构和作用方式。物理学家和哲学家卡尔·冯·魏茨泽克以如今的进化生物学视角，就辔头的例子对柏拉图的务实理念论做出如下解释："骑马者在生活中了解了世界的结构，骑者和马儿处于一种我们称之为'骑'的关系中。而且骑者也知道如何使用辔头来实现这种关系。简言之，就是骑者知道辔头的功能。之所以有这样的能力，是基于人与马和环境相适应的身体构造以及心灵状况。先前所引用的《蒂迈欧篇》中的神话写道，此种结构是造物主所创造的。造物主使辔头具有了使用的可能性，而这种可能性，用柏拉图的话说就是辔头的理念。"魏茨泽克以他的进化生物观解释了普世问题，由永生的神灵到永恒理念的形而上学知识，到现实中已成结构的应用知识。我们关于现实的知识通过应用得到了证明。

理念知识首先是一种实践的程序性知识，之后才建构起理论性的陈述性知识。实践和理论知识两者相结合，就有了希腊语中的单词 episteme（知识）。类似的双重含义在德语中也存在，比如我们说的"他了解怎么吹笛子"，或是"他懂得好好生活"。在现代用语中，柏拉图的应用知识也出现在了决定概念意义的"实用准则"中，实用主义哲学的创始人查尔斯·桑德尔·皮尔士（1839—1914）解释道："思考一下，哪些有实践重要性的功能是我们在想象中赋予其概念的。因此，对此类功能的概念即为我们对物体的概念整体。"马丁·海德格尔也有类似的区分，一是"上手的"知识，将使用的物体拿上手，比如锤子；一是"在手的"知识，观察面前的物体，因为“在手的”知识会产生问题，需要人们去解决（参见第九章）。柏拉图、皮尔士和海德格尔所主张的实用主义和智者的利益思考有根本性的差异。真正的知识不在主观所需利益中得到证实，而是在客观可感的运用中得到验证。柏拉图主张的是客观而非主观的实用主义。

柏拉图的实用主义以现实的客观结构假设为前提。柏拉图认为，在数学中我们所依据的便是理想的圆形。在手工业中，我们同样也需要利用现实的结构，否则我们的行为就无法奏效，也就无法制造有用的物体。同样在柏拉图最感兴趣的道德实践行为方面，我们和现实的客观结构相关联，而与变化无常的兴趣、观点无关，正如柏拉图笔下的苏格拉底在《理想国》第十卷中以洞穴之喻所做的解释。柏拉图的实用主义认识论正巧得到了现在所谓的激进建构主义的证实，而激进建构主义自以为是反柏拉图主义。根据激进建构主义的观点，尤其是格拉塞斯费尔德的版本，我们对于现实的解释，与我们个人或是我们视为现实的社会建构和想象不同。尽管柏拉图赞同建构主义的一个观点：我们不是通过直接察看来认知现实，而是只能通过我们在生活中的经历去获知。但这两种观点有一个重要的差异：根据柏拉图的观点，我们可以在基于经验的认知过程中逐渐找到现实的客观结构；而相反，根据激进建构主义派的观点，我们仅仅是创造了这种结构。柏拉图也赞同建构主义的这一观点：我们无法确定与现实的一致性，因为我们不能以符合论将纯粹的现实视为我们可感的现实来认知，并以话语来表达。正如格拉塞斯费尔德在《森林跑者》的画中所表明的，我们只能将“生命力”或是我们认知和行为的可行方式确定为人与世界的“调试”，并以其他新的经历去平衡。

根据柏拉图的观点，尽管人类只拥有不完美的知识，但总有逐步获得真知的可能性。除了柏拉图的洞穴之喻的阐释之外，还有其他一些地方似乎也指出了理念直接、直觉的知识（《斐德罗篇》《智者篇》），在神话中只保留给神灵的全知，而即使是神灵也能互相欺骗，因为他们其实并不是全知。在洞穴之喻中，通过自称能够知晓一切并能创造现实，神话诗人占据了“幻士”的位置。借助仿制的物体和火焰，他们在被束缚的囚徒背后表演影子戏，让囚徒们将洞穴墙上的影子误认为是现实。“幻士”正如这些创造神灵世界的神话诗人，苏格拉底之前的色诺芬尼就早已对此有所批评。“幻士”也像是那些反对苏格拉底和柏拉图的智者，智者借助其诡辩术使自己相信拥有了真知，并且能够根据自己的想象创造现实，而事实上，这些都是向他们的听众随口瞎编的。镜子这个图像，只是以假乱真地反映现实，柏拉图笔下的苏格拉底在《理想国》第十卷开篇就用此来表达了自己与智者相对的观点：“……最快的就是，如果你拿着一面镜子，并带着它四处走动，一会儿就能映出太阳、天空，一会儿又能映出地面，还有你自己和其他的万物、器具、植物和一切刚才所提到的东西。”

最后要问的是，柏拉图的哲学式追求真理能否有可能令人信服，有价值地取代诡辩学？关于什么是真理，人们如何认知真理这一问题，柏拉图认为，无论有关自然法则、道德法则和万物的看法是否具有随意性，还是必须具有普适性的准则，才能被视为真实而有效地被接受。时至今日，尽管关于真理以及认知真理的问题一直存在争议，但柏拉图的哲学整体相比于诡辩学派而言有更好的论点，并且能充分解释苏格拉底哲学对于真理的追求。如果要总结苏格拉底哲学体系的方法，以及柏拉图实用理念论学说，那么可以从他的认识论中总结出七点，并结合一些现代的思考方法，才能在哲学史之初摸索思考方法时找到共同点：

（1）仅依据权威的说法，如神话诗人或其他传统，是不可信的（除了权威认证）。

（2）论点必须没有矛盾，并且能和其他可接受的观点相兼容于一个理论中（融贯性理论）。

（3）论点必须与事实的真相以及根本性的结构相一致（符合论或相应理论）。

（4）论点是否与现实相一致，不以和现实直接比较来决定。论点需要在实践中得到验证，以证明其是否为我们行为的可行道路（建构主义和实用主义）。

（5）证明论点不是个体的事情，而是需要专家团体或是人类理智批判性地认可（共识论）。

（6）现实结构必须经过一个艰苦的认知过程，才能像精神的“形式”或“理念”那样让我们理解（明证性理论）。

（7）即使是清楚明白的认知也是不完美的，需要进一步的检验和修正（可谬论）。

那么柏拉图的“理念论”究竟还有什么，使柏拉图主义至今或是受到过分赞美，或是受到尖锐批评？一方面，柏拉图指出，我们在结束了艰苦的认知过程后能够明白“理念”，它就像某物不同的精神图像或结构图像那样。柏拉图曾在《第一封信》中以圆为例，苏格拉底早期对话录中对虔敬（《欧绪弗洛篇》）和勇敢（《拉凯斯篇》）等美德做出定义，并在对灵魂部分和城邦阶级的区分中加以说明。另一方面，柏拉图也逐渐地在反对曾由他自己造成的误解，如根据“两个世界”模型去理解“理念”或是现实的结构，并且发展实用主义理念论。在带有基督教色彩的柏拉图主义的传统中，目前除了少数几个例外，都是形而上学式的两个世界学说的柏拉图主义，探讨诞生前重新回忆的神话、永恒的理念体悟和永生的灵魂。从神学家奥古斯丁（354—430）以来，柏拉图的学说就宗教方面而言，都是教会要求赦免或诉诸权威的有效的合法基础。就哲学史方面而言，柏拉图的两个世界理论是从笛卡尔和洛克以来，和理性主义以及经验主义针锋相对的理论基础（波普尔，1957）。同时，正如卡尔·波普尔对柏拉图哲人统治理论的批评，柏拉图的学说也是每个“封闭社会”合法化的基础。需要承认的是，凭借其哲学实用的理念论，柏拉图不仅要对抗自己思想中明显的神话形而上学倾向，还要对抗其对精英式救赎知识及统治知识的官僚主义倾向。对此，他无法一直成功地抵制其不合理推测的心理暗示。也是因为贯穿其哲学始终的张力，使柏拉图的学说至今仍有其意义。人们可以从他身上学习哲学的自我尝试和自我解放。相反，若没有这些张力，柏拉图的思想就几乎无法“刺痛”我们，而仅是一种自大又危险的统治知识。通过以批判性的态度回溯柏拉图的思考尝试，我们这些“洞穴囚徒”就能试着从自己的“枷锁”中获得自由。

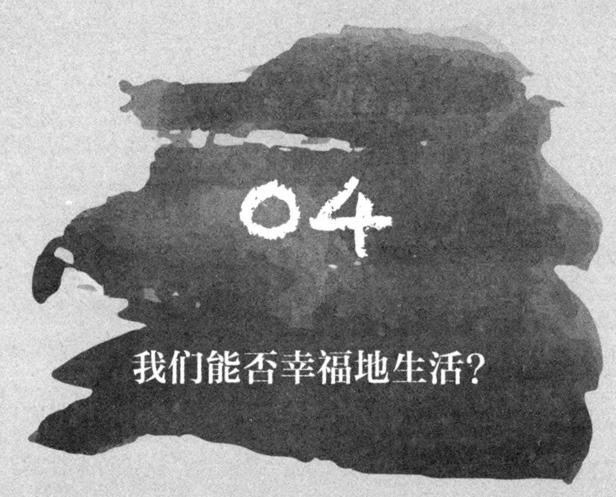
04
我们能否幸福地生活？

伊壁鸠鲁的“心灵风暴”

伊壁鸠鲁（前 341—前 270），古希腊哲学家，伊壁鸠鲁学派创始人

伊壁鸠鲁的享乐主义既不是毫无限制的“猪猡哲学”，也不是避世的幸福。伊壁鸠鲁更希望我们能够面对有害幸福生活的错误生活方式，接受“清醒思考”的劳累工作以及与之相应的生活。

为了它，我们会做任何事：为此我们感觉不到痛苦和困惑。一旦我们感觉不到痛苦和困惑，整个心灵风暴便会平息。万物无须再寻找所缺乏的，也无须寻找能使身心感到幸福的东西。若是丧失欲望使我们痛苦，那我们需要的正是欲望。但若是没有东西能使我们痛苦，那我们不需任何东西。

因此我们说欲望贯穿幸福生活的始终。因为我们将欲望视为原始、与生俱来的善，并由此开始一切的选择和逃避，将感受作为衡量一切善的标准时，我们就会用到它。也正是因为欲望是原始的，与生俱来的，因此我们不会接受任何欲望，当欲望过多成为干扰时，我们就会忽略许多欲望的感受……当我们说欲望是人生的目标时，并非指那些纵欲者的欲望和纯粹的享乐，就如有些人出于无知，或是与我们的想法不一致，或是误解了我们，才有了这样的想法。而我们认为的欲望，既不是感到身体的疼痛，也不是感到心灵的不安。因为并非酒宴和无休止的狂欢，也非少男少女和其他人的享乐，甚至一桌丰盛的佳肴就能带来幸福的生活，而是清醒地思考那些产生选择和逃避的原因，改掉那些使心灵产生困惑的想法，才能带来幸福的生活。

伊壁鸠鲁（前 341—前 270）从苏格拉底和柏拉图所提倡的理性引导、有节制生活的基本思想出发，进一步发展了他的享乐主义学说，并将其运用于实践中。这涉及了每个人都渴望的幸福生活。对西西弗斯而言，对抗神灵的徒劳斗争即为幸福，因为这是将命运掌握在自己手中的第一步。苏格拉底则再进一步，以自主的人格活着，相信自己的理智，并以控制自己有害的私欲为幸福。柏拉图的幸福则是消除了幻想，认为我们能像神灵一样，毫不费力地一眼看穿现实，并以智者的方法使自己成为一切的标准。对柏拉图的学生亚里士多德而言，最高的幸福就是“理论”，可以理解为是对有序的神性世界的体悟。伊壁鸠鲁为我们解释道，纵欲者的欲望和纯粹的享乐无法使令人不安的“心灵风暴”停息，给我们带来幸福；另一方面，在天地之间的幸福刻度上，神性认知的享受也不能带来幸福。奥林匹亚山上的神灵可能拥有“纯粹的享受”，而凡人的生命中却无法拥有。作为有死期、受限的生命体，我们必须思考和衡量，我们真正的欲望（希腊语：hedone）和真正的痛苦在何处。而纵欲者毫无节制的欲望相反会给个体和集体的心灵带来伤害。正如托马斯·卡莱尔在19世纪对边沁和穆勒的理论支持者的嘲讽，伊壁鸠鲁的享乐主义既不是毫无限制的“猪猡哲学”，也不是避世的幸福。伊壁鸠鲁更希望我们能够面对有害幸福生活的错误生活方式，接受“清醒思考”的劳累工作以及与之相应的生活。

伊壁鸠鲁在《致美诺西斯的信》中以他的人类幸福学说（希腊语：eudaimonia）总结了其有关幸福的观点，这对于作为感官和理性生物的人而言是恰当和可以实现的。这种观点对立于神性幸福的想象，即使在古代神话消失之后，也会诱导人们进入幻想。荷马笔下的神灵是永生的，也无须节制欲望，而我们凡人却不能尽情享受生活，必须想着节制才能逃脱“心灵风暴”。作为人类，我们经历痛苦，我们会日渐衰落，我们终有一死。所以我们无法享受完美或是无拘束的幸福。但对于伊壁鸠鲁而言，人类可享受的些许幸福并不是无法实现的理想的代替品。

就连奥德赛也是重视对妻子的爱胜过对一个半神人的爱。尽管荷马笔下的英雄奥德赛和美貌的仙女宁斐以及巨人族阿特拉斯的女儿卡吕普索一起度过了七年的幸福时光，但最终他还是选择了尘世间的幸福。在离开了特洛伊长年流浪，以及和卡吕普索共度时光后，他最终回到了妻子珀涅罗珀的身边，作为伊萨卡岛的国王继续与她过起了平凡的生活。半神人卡吕普索不情愿地接受了众神大会的决定，最终让她的爱人奥德赛离开了。在分别之际，卡吕普索迫切地希望奥德赛能再考虑一下：

“你要是知道，在你的心中，你将注定会遇到多少磨难

在你踏上故土之前，

你就会待在这里，和我一起

享受不死的福分，尽管你渴望见到妻子，

天天为此思念。

但是，我想，我可以放心地声称，我不会比她逊色，

无论是身段，还是体态，

凡女岂是神的对手。”

足智多谋的奥德赛回答：

“女神，不要为此动怒，我心里一清二楚，

你的话半点儿不错，谨慎的珀涅罗珀当然不可和你攀比，

论容貌，比身形——她是个凡人，而你是永生不灭、长生不死的。

但即便如此，我所想要的，我所天天企盼的，

是回返家乡，眼见还乡的时光。”

奥德赛明白作为凡人就终有一死，且要经历许多痛苦，

但他仍想要回到平凡的生活中去，并渴望“返乡之日”。在荷马的作品中并未写明，奥德赛是否不相信他和女神卡吕普索能始终拥有幸福，或是他只是留恋和珀涅罗珀的幸福生活。显然，奥德赛并没有追求长期却无法实现的神性幸福，而是渴望曾经经历的人间幸福。所以，为了重新获得他之前的幸福，奥德赛在回去之后对抗珀涅罗珀的追求者，以及争夺自己王位的继承者。

就人类可能性的潜能而言，幸福生活在何处，伊壁鸠鲁用他有待平息的“心灵风暴”的图像做了解释。正如每个人从自身经验可知，我们人类时刻承受着肉体痛苦和心灵恐惧的威胁，因此就像在风暴中破裂，有的人可能因此会堕落。伊壁鸠鲁在信的开头写道，幸福不是意味着实现幻想中不完美、不确定的幸福场景，而是现实的，可逐步实现的“痛苦和困惑”的消失。但关于追求永恒持续的欲望，甚至无节制地纵情享乐，伊壁鸠鲁却没有提及。然而，在他还在世时就被误解成是一个今日所谓的享乐主义者，而这种享乐主义者以满足自己感官的欲望为首要目标。

伊壁鸠鲁所假设的纯粹感官欲望的生活目标，使同时代的人不禁好奇，他到底过着怎样的生活。第欧根尼·拉尔修——古典哲学史家以及哲学家轶事的叙述者，在他的《名哲言行录》一书中，记载了许多所谓的伊壁鸠鲁纵情欢乐的生活片段。因此，一些斯多葛派的哲学家认为他是写伤风败俗书信的作者。在伊壁鸠鲁写给泰米斯塔的信中，他写道“他想象着如何进入到她里面”；在给黑泰尔·莱昂蒂尼的信中，他写道：“至少我不知道，如果我们丧失了对味觉、爱情、听觉和其他美好形式的欲望，还有什么可以想作是好的。”据说由于他的大吃大喝，伊壁鸠鲁每天要吐两次。这也是为了能吃到更多美味。此外他还生活得非常不健康，许多年都无法从坐轿中起身。对欲望痴迷的他轻视各种教育，正如他在给学生皮托克勒斯的信中写道：要逃避任何一种教化的形式。伊壁鸠鲁还极端地辱骂了许多哲学家——骂他的老师瑙昔芬尼是“文盲”“骗子”和“色鬼”，骂柏拉图学派哲学家是“马屁精”，骂亚里士多德是“窝囊废”和“毒贩”，骂普罗泰戈拉是“脚夫”，骂德谟克利特是“抄写员”和“村校的教书匠”并且“废话连篇”，骂前苏格拉底派的哲学家赫拉克利特“没有主见”，骂雄辩家们个个都是“忌妒鬼”，最后还骂怀疑论者皮浪“又蠢又粗鲁”。

第欧根尼·拉尔修则认为那些对伊壁鸠鲁的指责并无真凭实据，并列出了许多称伊壁鸠鲁友好、合群的证人。其实，伊壁鸠鲁在他众所周知的“花园”里，和他的朋友们根据他的哲学原则过着极其简单和朴素的生活。伊壁鸠鲁的支持者牢记他有关幸福生活的原则，并整理出了一些自己的原则。在生活的晚年，伊壁鸠鲁经受着巨大的痛苦，但尽管饱受折磨，他依旧觉得生活很幸福，并且无所抱怨。在临终前给伊多美纽斯的信中，伊壁鸠鲁写道：“对我而言今天是幸福的一天，同时也是我生命的最后一天。我在此给你写下这封信。尿淋沥和痢疾对我的折磨无以复加，但一想到我们过去的谈话，心中漾起的喜悦之情就让所有的痛苦消失不见。你要如一生对我和哲学表现出的热爱那样，照顾好米特罗多鲁斯的孩子们。”根据第欧根尼·拉尔修的记载，在四十天的病痛之后，伊壁鸠鲁爬入装有温水的铜盆洗了澡，喝了酒，告诫他的朋友要遵守他的学说，在七十岁时从容地离世了。正如他的榜样苏格拉底，他依照自己学说所提倡的那样生活。

第欧根尼·拉尔修还写道，伊壁鸠鲁从小就致力于哲学。在柏拉图去世几年后，伊壁鸠鲁于公元前341年出生在小亚细亚海岸的萨摩斯岛，即位于今天的土耳其境内，他成了雅典的公民。在他出生的十年前，伊壁鸠鲁的父亲和其他殖民地主一起从雅典搬到了萨摩斯岛。他很小就接触了哲学。如塞科斯特斯·安普利克斯所说，正如先前的哲学家，伊壁鸠鲁对赫西俄德神话式地解读世界并不满意，于是向他的老师提出了一个典型的孩子气的问题，询问世界的起源。同时这也是一个哲学的基本问题。伊壁鸠鲁问老师：“混沌最初出现的时候源自哪里？”老师回答：“这不关你的事，这是哲学家需要解释的东西。”于是，伊壁鸠鲁说：“如果哲学家们知道真相，那我必须去找他们。”

伊壁鸠鲁去了当时的哲学中心雅典，并在那儿学习了不同的哲学理论。其中，最令他信服的是德谟克利特（约前 460—约前 370）的理论。根据德谟克利特的理论，世界起源于一个原子旋涡，万物是由原子组成的。同时伊壁鸠鲁也接受了阿瑞斯提普斯（前 435—前 356）的理论，其主张欲望是人生的终极目标。这两个理论成为伊壁鸠鲁学说的基础：万物由原子组成，而欲望是终极目标。出于窘迫的经济状况，伊壁鸠鲁在许多地方教授哲学，在身边聚集了一大帮朋友之后，他于公元前 306 年在雅典买了一处地产，并将此作为他的学校命名为“伊壁鸠鲁的花园”。伊壁鸠鲁的学校存世近 700 年，直到被作为哲学生活形式的基督教修道院所取代。他和朋友们隐居在那儿，秘密地谈论政治。在马其顿国王亚历山大大帝打败了希腊，倾毁了希腊城邦，尤其是雅典之后，参与政治生活对于伊壁鸠鲁就不再有意义，唯有改善个人的生活，追求幸福才有价值。根据第欧根尼·拉尔修的记载，伊壁鸠鲁著作等身，大量的作品令所有人都相形见绌——因为其著作接近三百卷。其中，《致美诺西斯的信》尤为著名，对于了解伊壁鸠鲁的享乐主义也颇有帮助。在信的开头他就要求自己一生都要进行哲思：“当一个人年轻的时候，不要让他耽搁了哲学研究；当他年老的时候，也不要让他对哲学研究发生厌倦。因为要获得心灵的健康，谁也不会有太早或太晚的问题。”从幼时询问世界起源的问题，到最终回顾自己的一生，伊壁鸠鲁始终遵守这一原则。他认为“心灵的健康”只有伴随着身体的健康才能实现。对他而言，“心灵的健康”或是幸福，并不是对不可实现的物质财富的追求，而是摆脱肉体的痛苦和灵魂的恐惧，以此来克服“心灵风暴”。为了实现这一目标，伊壁鸠鲁在《致美诺西斯的信》中，以及其他地方提出了以下几点主要建议：

· 首先必须克服对神灵的恐惧，如荷马神话中所创作的那些神。尽管伊壁鸠鲁不否认神灵的存在，但这些神灵和多数人想象中的不同。神灵的世界和凡人的世界彼此分离，互不相干。神灵生活在“中间世界”“宇宙之外的某处”；他们只会感受到欲望，生活在平静和极度欢乐之中，既不担心自己，也不让别人担心。因此他们不在乎人类。所以，我们的行为对神灵而言，以及神灵的行为对我们而言是无关紧要的。

· 此外，人们应该克服对死亡的恐惧。因为在人们死去之后，既不会有舒服，也不会有不舒服的感觉。因为人们再也感受不到原子之间互相撞击的感觉，根据伊壁鸠鲁自然主义的观点，正是原子之间的互相撞击产生了我们身心的感觉：“因而，死亡这一所有罪恶中最可畏者，对我们而言，一无所是。因为，当我们在世时，死亡无影无踪，而当死亡来临时，我们已驾鹤而去。”

·“对未来的恐惧也是毫无由来的，因为未来既不完全属于我们，也不完全不属于我们。”因此伊壁鸠鲁间接地提出建议，要善于利用好自己的行为，不要对不可改变之事付出太多努力，也不要只是干等事情的发生。

· 最重要的是恰当处理自己的欲望。对此人们需要做出冷静的思考：“需要注意的是，有些欲望是自然的，有些是无关紧要的；自然的欲望中有些是自然而且必要的，有些仅仅只是自然的。必要的欲望中，有些对我们快乐生活是必要的，有些对我们身体消除病痛是必要的，有些则对我们的生存是必要的。”

· 对于欲望的分类，伊壁鸠鲁几乎没有举出例子，显然是因为个体对欲望的判断和衡量在不同情况下的标准是不同的：“对于必须做出判断的事情，我们判断的标准因时因地因情况而异，有时我们把善当作恶对待，有时相反，把恶当作善对待。”

· 根据情况衡量必要性、欲望和痛苦的例子便是饮食。通过饮食我们可以发现：“就填饱肚子而言，家常便餐和豪华大宴给人的快乐是一样的，对饥饿的嘴唇而言，面包和水即最大的快乐。”根据伊壁鸠鲁的分类，饮食是自然的、必要的欲望；食物不仅能维持生命，还能满足欲望，消除饥饿之苦。这两点通常容易办到。相反，对豪华盛宴的欲望并非为了生存自然、必要的欲望，因为它并不比“普通的汤汁”更能消除饥饿。此外，奢侈的欲望毫无意义，反而有害，因为它需要依靠金钱以及其他的手段来实现，还给人们平添烦恼：“让我们习惯简单廉价的饮食，这种饮食既能维持健康，满足人们生存的必需不致匮乏。”所谓的“自足感”并不意味着“在任何情况下都满足于少许物质，而是我们在没有很多物质的时候，能够以少数物质来维持生活”。

· 此种衡量方式不仅适用于饮食，同样也适用于满足性欲。伊壁鸠鲁建议，除了要遵守法律、习俗和道德规范，也要注意自己的健康，以及自己的物质能力。正如他在给朋友的格言集中写道：“我听说你对情欲的追求特别强烈。如果你不违反法律，不破坏良好的习俗，不让同胞伤心，不过度消耗，不耗尽生活所需，那么就能顺了你的意，做你所想。”伊壁鸠鲁认为，性欲是自然的，但不一定是必需的。所以他给了朋友一个建议：“你不遇到上述的困难是不可能的。因为情欲从未有用；只要我们没有受到伤害，就该满足了。”

· 伊壁鸠鲁的享乐主义首先关注的是如何避免恐惧和痛苦，而不是如何满足诸如进食或是性欲之类的欲望。他在格言集中还过分地赞扬了友谊：“友谊在世界的国度里跳舞，并向我们呼喊着，醒来去歌颂幸福生活”；伊壁鸠鲁还主张“智者受拷打所受的痛苦比不上挚友受拷打所受的痛苦”。

伊壁鸠鲁对生活实践的建议不仅仅以其生活经历为基础，也以其所继承的德谟克利特的原子论为基础。他的自然主义哲学成为了实现幸福生活以及进行仔细思考的必要前提：随着死亡以及灵魂消散成原子的个别部分，我们不再有感觉，因为感觉是由原子的互相撞击产生的。因此也就忘却了对死亡的恐惧感。如果能摆脱灵魂的恐惧以及肉体的痛苦，作为凡人的我们也能过上神仙般的生活，正如伊壁鸠鲁在《致美诺西斯的信》的结尾处写道："你和你的同道要用上述这些以及其他相关规则日夜磨炼你自己。无论是清醒还是在睡梦中，永远不要让你受到干扰，那么你就会在人群中像一尊神像似的活着，因为活在不朽祝福中的人失去了凡人的外表。"

为了使人们能拥有可能的"不死"生活，伊壁鸠鲁以他的享乐主义劝诫人们，承认死亡界限的存在。克服"心灵风暴"需要我们痛苦费力地消除那些美好的幻想，权衡各种不同的欲望，但在一些特殊情况中也需要"冷静思考"，尤其需要的是实践的结果。幸福不是我们想象中神仙那般无忧无虑的生活。伊壁鸠鲁深信，哲学的回报便是我们最终能"像神仙一般生活"。

直到今天，伊壁鸠鲁的幸福论受到的主要批判来自否定感官的基督宗教学说，但同时也获得了许多支持者。经济学家、哲学家约翰·斯图尔特·穆勒（1806—1873）在《功利主义》一书中，就支持伊壁鸠鲁的个人幸福学说，并将它扩大为社会中的道德学说"最大幸福原理"，我们所有的行为必须都以此来进行衡量。穆勒维护伊壁鸠鲁及其支持者，如他的功利主义前辈杰里米·边沁（1748—1832），反驳同时代的人对伊壁鸠鲁“猪猡哲学”的批判。这个批判纯粹是一个误解，因为伊壁鸠鲁认为，既要区分高等和低等的欲望，也要区分心灵的幸福和感官的满足。根据事实，穆勒赞同苏格拉底对自己提出问题的回答，如何对待人类的理性和欲望（参见第二章）：没有聪明的人想当傻子，没有受过教育的人想当笨蛋，没有善解人意、认真负责的人想当自私无耻的人——尽管他们相信傻子、笨蛋和流氓对自己的命运比他们对自己的命运更满意。穆勒认为，幸福以“自尊感”为基础，并认为在欲望没有被满足，人的尊严没有被满足时，也需要“不满足感”。幸福并不意味着尽力地“清醒思考”（伊壁鸠鲁），而是在个别情况下放弃短暂的感官满足：“做一个不满足的人要比做一头满足的猪好，做一个不满足的苏格拉底要比做一个满足的傻子好。”

伊壁鸠鲁和穆勒的幸福哲学以普通的生活经验为基础，并不声称是针对所有人的强制观点。此外，对抗广泛传播的、随年龄愈发增强的“性格缺陷”的危害以及“懒惰和自私”，幸福感如同“一株极其脆弱的植物”需要保护。相反，西格蒙德·弗洛伊德以其作品《文化及其不满》中的本能论为基础的悲观看法则难以令人信服：“人类幸福的这一目标并不包含在‘创世纪’的蓝图中。”他倡议“抵御痛苦的技术”，诸如麻醉剂，防止自然灾害或是通过知识、艺术使无

伊壁鸠鲁认为，既要区分高等和低等的欲望，也要区分心灵的幸福和感官的满足。必要的欲望中，有些对我们快乐生活是必要的，有些对我们身体消除病痛是必要的，有些则对我们的生存是必要的。

法实现的幸福感得以升华，还建议因为害怕失去而放弃爱情。这些要求人们适度的建议尽管很有意义，但与伊壁鸠鲁以生活世界为基础、可理解的享乐主义所主张的以“清醒思考”享受幸福是相悖的。

伊壁鸠鲁的享乐主义因其对天真生活方式的批判，因其精简的建议和禁欲教条，至今仍具有重要意义。以伊壁鸠鲁实践与理论的思考为基础，我们可以建立以量化研究为主的幸福经济学和幸福心理学，尝试着探究人类实际上有哪些幸福的想象以及他们实际上经历过哪些幸福。其中所包含的规范性的前提则需要自我检验，正如伊壁鸠鲁建议的那样。对幸福的追求可能会让你失望，给你带来痛苦，如果那是出于未经反思的、对人类和世界形象的不切实际的期望。如果人们期望通过哲学克服恐惧感，使生活中的“心灵风暴”得到平息，那么人类的幸福一定是可能的。而前提是，在可能较为痛苦的哲学式自我节制下，摆脱对完美幸福的虚幻想象。伊壁鸠鲁的享乐主义起初也让人难受，过度追求幸福和禁欲所起的效果一样，但对于像西格蒙德·弗洛伊德一样的悲观主义者而言，反而是一种解脱。但无论是哪一种情况，人们很难摆脱伊壁鸠鲁思考和论证的影响——它们在我们臆想的幸福与不幸中“叮咬”着我们，蜇疼我们。

05

什么能慰藉我们?

波爱修斯的“心灵医师”

波爱修斯想象着，哲学如何化身心灵医师来狱中探望他。他将哲学描绘成了一个令人印象深刻的女王形象……服饰华贵，由上好的绸缎制成，而且做工考究，衣服的下摆绣着希腊字母 P（代表希腊语 praxis，实践），而上沿绣着希腊字母 Th（代表希腊语 theoria，理论）。

我试着辨认医生的面孔，当我把眼睛转向她，将目光聚焦在她身上时，发现照顾我的不是别人，正是曾经养育过我、年少时我经常出入她家的哲学女王。

波爱修斯：“圣洁善良的女王，你怎么会来到我这里呢？为什么你要离开天上舒服的居所，不远千里来到这放逐我的荒无人烟的地方？或是你也和我一样受到了控告，背负了莫须有的罪名？”

哲学女王：“那好，我可以先问你一些简单的问题吗？通过这些问题，我可以检查你的精神状态，以利于我对症下药。”

波爱修斯：“请你随便问好了，只要有问题我一定回答。”

哲学女王：“既然你不怀疑世界由众神统治，那请你告诉我，你认为那会是一种怎样的统治呢？”

波爱修斯：“这个问题的意思我不大明白，更别说回答了。”

哲学女王：“所以我没有说错，其中的确少了什么，就好像铜墙铁壁出现了裂缝，疾病就是从这个裂缝中潜入了你心里。请告诉我，你还记得万物的归宿吗？整个宇宙是朝着什么样的目标去的呢？”

波爱修斯：“我倒是听说过这事儿。但是，痛苦和忧伤已经使我的记忆变得迟钝了。”

哲学女王：“那起码你应该知道万物的起源吧？”

波爱修斯：“我知道，而且已经回答过了：上帝。”

哲学女王：“你既然知道它们的起源，怎么可能不知道它们的归宿呢？看来这些困扰有这样的特点：它的力量会让人错位，但又不至于使人彻底迷失。不过你还要回答一个问题：你还记得你是个人吗？”

波爱修斯：“怎么会不记得呢？”

哲学女王：“那你应该能够确定人是什么？”

波爱修斯：“你是不是在问我，是否知道自己是理性、注定会死的生物？我当然知道，而且也承认这一点。”

哲学女王：“你真的确定，不可能是其他的什么生物了吗？”

波爱修斯：“绝不可能是其他的生物。”

哲学女王：“我现在知道了，你有其他的病根，而且那是要害所在：你已经不清楚自己是什么了。这样我就十分清楚你为什么患病，以及怎样帮你治疗。你是因为神志恍惚、忘却真我，所以悲叹你自己的颠沛流离和丧财厄运。你是因为不明白万物的归宿，所以才说恶人走运、奸邪当道。”

波爱修斯（约 480—524 或 525）长期在哥特王国国王特奥德里希的拉温那城堡担任西罗马帝国的执政官，同时作为柏拉图和亚里士多德作品的研究专家和翻译家而享有盛誉。因为诬陷，他被控谋反罪，被不公正地判处了死刑。在狱中等待受刑之时，波爱修斯写成了《哲学的慰藉》。如他的榜样苏格拉底那样，面对死亡，波爱修斯进行了哲思，然而不像苏格拉底和朋友们进行对话那样，波爱修斯进行的是自我与化身为心灵医师的哲学女王的对话。他的作品直到中世纪，与宗教思想家奥古斯丁的《忏悔录》一起，被并称为宗教世界中阅读最多、最有影响力的书。其中，波爱修斯的书基本上也继承了《忏悔录》中的思想。他的书至今仍是重要的典范，讲述了哲学作为“心灵医师”如何治愈心灵。但前提是只对拥有宗教信仰的人才会有疗效。而在哲学上，它以其虚假的承诺要求信徒为了幸福的未来做出痛苦的牺牲，波爱修斯自身的命运就是对当今社会政治的一种警示。

波爱修斯想象着，哲学如何化身心灵医师来狱中探望他。他将哲学描绘成了一个令人印象深刻的女王形象，游走于天地间，甚至似乎能突出天际：“她的身体大小不断地变化：有时候，她缩着身子，和平常人一样高；有时候，她的头像顶到了天边，尤其是当她把头高高仰起的时候，好像伸到了天上，看不见了。”波爱修斯继续描绘着这位“养育者”，她的服饰华贵，由上好的绸缎制成，而且做工考究，衣服的下摆绣着希腊字母 P（代表希腊语 praxis，实践），而上沿绣着希腊字母 Th（代表希腊语 theoria，理论），这两者正是实践和理论的代表符号。

哲学女王用严厉的话语——以准备好的抚慰措施——驱赶了试图以靡靡之音安抚波爱修斯的诗神缪斯们：“是谁让这些艺伎和这个病夫在一起的？她们不仅医治不了他的病痛，还会用甜蜜的毒药，使其雪上加霜。她们这样做，是用情欲的荆棘去毁坏理性的累累果实；她们的目的不是帮助他解除病痛，而是要让他对于现状泰然处之。”不同于缪斯们虚幻的安抚，哲学女王认为她才能给予真正的安抚，她试着模仿柏拉图笔下的苏格拉底的哲学：“在柏拉图时代，我不是在他的老师苏格拉底罹难殉道的时候一直陪伴着他吗？”显然，波爱修斯以此来暗示柏拉图对话录《斐多篇》有所争议的形而上的不死引证，与苏格拉底面对死亡和不公正处决时的怀疑——从容态度相反（参见第二章）。但波爱修斯将这种怀疑态度与伊壁鸠鲁将死亡视为个人生命终结的唯物论相对立，让他视为心灵医师的哲学女王对“伊壁鸠鲁式的暴民”宣战。心灵医师的目的是，将波爱修斯此世短暂易逝又充满激情的心灵引向彼世的真理国度。

哲学女王作为医师的特殊措施是以询问波爱修斯的既往病史开始的:“如果你期待医生的帮助,就必须把伤口露出来。”波爱修斯按照这一要求,啰唆地控诉他遵循柏拉图有关哲人统治城邦的言论。他不断追求公道,不曾畏惧面对强者以及骗子时无法妥协的分歧。而作为他正义之举的“回报”,却是他必须接受不公,被处以死刑:“没有因为做善事受到奖赏,反而因为没有做过的恶事受到惩罚。”

作为心灵医师的哲学女王根据既往病症做出了诊断:“看你这样哭哭啼啼的,可想而知,你饱受流徙的痛苦。可如果不是你亲口所说,我还真就不知道你被流放到了这样遥远的地方。你背井离乡,漂泊到远方。我说的是漂泊,而不是驱逐;如果你自己非要说是驱逐,那我只能说,你怎么将自己驱逐到了这样遥远的地方!”接着,哲学女王让波爱修斯像学生一样接受了哲学 - 神学教义的知识测验。在本章开头引用的片段中,哲学女王确定了波爱修斯病症的原因是他不知道自己生来是谁,以及他的目标是什么。波爱修斯因自身的不幸而感到迷茫,认为自己只是有着寻常目标的凡人,即“理性而终有一死的生物”(rationale animal atque mortale)。哲学女王以此来暗示亚里士多德对人的传统定义,而这一定义苏格拉底也早已提出过。但是波爱修斯却忘了,他作为人首先就是上帝的创造物,并且最高的目标就是朝着神灵的方向努力。因此,哲学女王即代表了基督化的柏拉图主义，不再显示具备人类的理性，而是以宗教信仰为基础。

依据基督教——柏拉图式的人类观和世界观，唯一有效的疗法便是转向或回归上帝。这些特殊的人类观和世界观便成了《哲学的慰藉》一书中的预设思考框架，描述了古典时代的终结以及基督宗教的兴盛，两者都体现在波爱修斯这个人身上。在治疗过程中，利用柏拉图以形而上学来理解的洞穴之喻（参见第三章），哲学女王将波爱修斯从意见错乱的凡人世界引到了神灵的真相世界。至于柏拉图所提到的赋予人类和世界目标的“善的理念”，基督宗教则解释为“上帝”。因此，波爱修斯追随自己的神学导师以及榜样奥古斯丁，奥古斯丁在他的作品《上帝之城》（*De civitate dei*）中，将柏拉图的思想传统和基督福音转化成了形而上学——基督神学理论。在此基础上，波爱修斯写成了《哲学的慰藉》一书，五卷书的内容分别是一种新的治疗方式。

· 心灵医师哲学女王的第一个措施，正如上述所说，在于认识自我，承认自己对上帝是凡人的最高目标这一点的无知或善忘。

· 在第二卷中，哲学女王则让波爱修斯想起，曾经所享受的外在物质财富如金钱、权力和名誉，都并非人类真正的所有物：“无论让谁来评判，你和我都可以就有关财富和职位拥有的问题辩论一番。如果你能证明，其中有哪一件东西是必死之人的财产，那么我就可以毫不犹豫并且欣然地承认，你所想拿回去的那些东西的确是你的。”然而这种安慰，如同一切人间的幸福，是短暂易逝而非永恒的，所以对波爱修斯而言没有任何作用。他还太过执着于人间幸福这一目标。哲学女王承认波爱修斯是对的，她的安慰方式至今仍然只能缓和恼人的疼痛感。进一步的治疗方式，等到时机成熟再教你。这是在波爱修斯的作品中第一次出现优秀的哲学令人疼痛的主题。她要求我们对此有痛苦的认识。

· 心灵医师使波爱修斯想起，他在生活中拥有幸福，并且未曾丧失所有的幸福，尤其是没有失去妻儿，她的治疗方式初步起效。当他的疼痛感有所减弱之后，波爱修斯便开始接受治疗，他向心灵医师要求那些药效强烈的猛药：“噢，抚慰灰心的能手，你那有力的论说和悦耳的歌声，使我复苏了。我再也不认为命运对我不公了。因而现在，我对你所说的那些更苦些的药不仅不害怕，反而恳求你把它们施用于我。”第三种比较“强烈”的药方，品尝时有些苦涩，但咽下后就感到甜了。哲学女王以柏拉图的洞穴之喻作为暗示，使波爱修斯离开了幻想世界，进入了理念世界。正如柏拉图笔下的苏格拉底多次强调的，这条道路是痛苦的，因为它要求放弃迄今为止对真实的想象。哲学女王的“强烈”“苦涩”的治疗方法就是，波爱修斯能够理解“虚幻”的幸福和“真实”的幸福之间的差别。虚幻的幸福是指，仅仅追求尘世的物质财富，比如财物、统治权、职务、名誉或是情欲，让所有人类对幸福的追求落空，因为这每次都会引发对其他物质财富的追求。而真实的幸福却是指认知“上帝是最高的善”。因此人类对幸福的追求是：“因为人获得幸福就会感到快乐，而幸福又是神性，那么显然可以看出，人们变得快乐是因为获得了神性。”贬低世间的幸福起初必定是“苦涩”的，但最终会获得真正的幸福。哲学女王为了被释放的洞穴囚犯波爱修斯唱起了颂歌：

来啊，你们这些囚犯，全都上这儿来吧，
你们心中的俗念蠢蠢欲动，
那可恶的锁链正束缚着你们。
在此，你将得以休养生息，
这里是永远安宁的天堂，
是不幸者避难的地方。

哲学女王的安慰方式对波爱修斯不起效，正如他在第四卷开头所控告的，相反成为他最大不幸的根源。这一不幸使波爱修斯至今生活的所有希望都破灭了，甚至还有对全善上帝的信仰：“一边恶人猖獗、横行霸道；另一边善却得不到善报，反而遭受小人的蹂躏，被其打翻，甚至替恶受罚。这种事情发生在全知全能、一心向善的神的国度，竟然没有人感到惊诧或进行抱怨。”哲学女王使波爱修斯感到疼痛的方式就是使他震惊。她不仅使他放弃现世的物质财富，还要求他彻底质疑对全善上帝的信仰。在心灵医师眼中，大部分人所认为的善是表面的善，恶只是表面的恶。此外，全善的上帝让正义的人和不正义的人经受同样的恶，而且恶人甚至受到奖赏，善人却被惩罚。这两种情况基本上都与波爱修斯的人类观和世界观相左，对他而言是过度的苛求。

由此看来，波爱修斯起初并不接受全善上帝的不公正。他反驳哲学女王：“只要是聪明人，就都不愿意被流放，不愿意穷困潦倒，而愿意在自己的祖国青云直上、有钱有势、声名大振、威风凛凛……特别是当法定的监禁、处死等酷刑都能够理所当然地被加于邪恶市民身上时。”由于这一控诉，波爱修斯又回归到了原本在第二阶段就已克服的：追求外在的物质财富。对于波爱修斯所提出的一切不公正的神灵规则，哲学女王申辩道，这些已超越了人类秩序，是凡人所无法理解的。比如，神灵可以让某人受到不公正的惩罚或不公正的奖赏，以此来增强他的意志力，从而检验他的道德是否容易动摇。

在第五卷中，波爱修斯还将经受更惨烈的痛楚，这是哲学女王作为治疗方法加在其身上的。因为他抗议道，所谓的善意引导者的计划意味着所有未来事件的命运，人类的善行和恶行，既与意志力和责任心无关，也与奖赏和惩罚无关。

因此，波爱修斯的整个世界观崩塌了，大声呼喊着绝望："需要承认的是，随着人间万物的毁灭一切将会变得清晰。既然人心不存在自由或自愿的行为，那么按其作为来惩恶扬善也就变得徒劳无益……所以，期望什么或祈祷什么都没什么意义了。因为，在所有可欲之事都维持着既定的进程时，人还会有什么可期望的和可祈祷的？"神学宿命论的"僵化锁链"对波爱修斯生命的影响是深远而痛苦的。他不仅觉得受到了不公正对待，也觉得他整个为了正义奋斗的人生在事后也毫无意义。然而哲学女王相信，能够为波爱修斯所遭受的巨大痛苦给予安慰。"天命之争"（de providentia querela）是古老的，直到现在还无法调解，但一定是可以解决的。与波爱修斯的假说相悖，哲学女王认为解决的方法在于，上帝的"先知"（praescientia）并不是"眼前发生之事"的原因，也无法阻止"自由意志"。将上帝的 providentia 理解为"神佑"，将人类的 praevidentia 理解为"预见"，这两者的区别是原因所在。正如波爱修斯所担心的，我们人类认知未来事物的方式与决定论的观点如出一辙。因而，上帝的神佑（providentia）被理解为先知（praescientia），意指对人类未来行为的必要认知。人类的行为因此没有意志自由和行为自由的空间，也没有与之相关的责任感。如哲学女王所说，上帝对未来必要之事的认知不是"预见"（praevidentia），而是"神佑"（providentia），一切都发生在当下，无论是

波爱修斯（480—524），罗马哲学家，代表作《哲学的慰藉》

波爱修斯的作品是个有力的警告，告诫我们仅依靠论证让人疼痛的哲学可能会被滥用而成为劣质哲学。当然，只要不以教条主义学说的方式出现，唯物主义式的追求幸福的批判性自我反思仍具有其意义，可以使我们关注宗教或是精神的幸福体验。

偶然的、自愿的还是必然发生的。我们现在眼前所能看见的，基本上都是上帝全知范围内的，就如先前哲学女王以人类经验领域为例所做的解释。上帝能够无一例外地同时看到一切，是因为它绝对不是站在事物的最低之处，而是站在世界之巅，展望着万物。与波爱修斯所担心的不同，上帝的“神佑”（providentia）会给人类自由意志空间：“只看一眼（intuitu），便能认出什么必定发生，什么则不一定。”波爱修斯所畏惧的神学决定论以及他痛苦实践的结果，都被哲学女王一一反驳了。出于此种安慰，文章最后是给人类的一个忠告：“面对洞悉万物的法官行事，如果你不想自欺欺人的话，那就行善吧。”

没有波爱修斯的继续追问，哲学女王的安慰便结束了，许多重要的问题都没有得到回答。

第一，为“善良”上帝的辩护真的能够安慰陷于悲痛之中的波爱修斯吗？显而易见的是，在每卷结尾都没有对哲学女王的感谢，在开篇陷于绝望之中时都没有，更何况是在第五卷开头陷于极度绝望之时。仅仅治疗思想而不治疗情绪是不够的。与深沉的情感相比，如对死亡的恐惧，对幸福的感官追求，或是因畏惧宿命论而对生活绝望，争辩是没有优势的。但至少哲学女王从一开始就以曾被她驱逐的缪斯们的方式，用平和又虔诚的颂歌来支持自己的论证。

第二，不仅是哲学女王情绪性的安慰方式，还有其理据性的安慰方式也备受质疑。尽管波爱修斯的“哲学”清晰地划分了人的、时间性的“预知”和神的、无时间限制的“预知”这两者的概念区别，但人类在上帝的救赎计划中是否具有自由意志这一问题能否得到解决，还是存疑的。戈特弗里德·威廉·莱布尼茨（1646—1716）的“神义论”，上帝被赋予这样的特性是否合理是有争议的。首先，我们是否能够赋予上帝这样的特性是不确定的，因为这些特性源于人类的经验范围之内。此外，在波爱修斯作品中提到的“哲学”的“神义论”中，忽略了两个波爱修斯所谓的神灵的基本特征：上帝的全能和至善。根据基督教对神灵的想象，上帝不仅是全知的观察者，也是全能的主导者或是世界和人类行为的驱动者。上帝眼前的一切，正是他的万能所引起的，人类因此在被上帝所驱动的世界里没有了自由行动的空间。尽管上帝是至善，这是过去“神义论”中所忽略的第二个特性，最好也不要赋予人类自由意志，因为这是世间万物的始作俑者。但这并非意味着，人类根据基督教的想象与上帝同形，因此也必须拥有自由意志（以至善的神灵行为为依据，在善与恶之间的选择自由存在着问题）。人类必须被视为不完美的同形，无法拥有所有的神灵特性（比如全知、全能和至善），因此即使是上帝的同形，也不具备对人类有害的自由意志。

第三个问题，正是哲学女王在第五卷中的安慰方式，成了波爱修斯痛苦的一大原因。这一方式以形而上－神学为前提：至善的上帝给世间带去了太多的恶。波爱修斯作品中作为思想框架前提的形而上－神学的人类观和时间观，既是原因也是治疗方法：没有对至善上帝的想象，波爱修斯就不会遭受不公的痛苦。此外，在他思想框架内的“神义论”虽然是必要的，但显然对他并非真正的安慰。波爱修斯在作品结尾没提到“神义论”，也没有对哲学女王的安慰表示感谢。

什么才能真正地安慰我们？是不是某种特殊的哲学就能安慰我们？西格蒙德·弗洛伊德在其作品《文化极其不满》中提出了“缓和剂”一说：“在我们看来，生活过于艰难，它给我们带来过多的痛苦、失望和无法完成的任务。为了忍受这种生活，我们只能采用缓和的方法：大幅度地转移注意力，这会使我们对自己的痛苦不以为然。替代性满足，这可以减少痛苦。麻醉药，这可以使我们丧失对痛苦的敏感。这些方法是不可或缺的。”在脚注中，弗洛伊德讽刺性地引用了威廉·布施的诗句：“有顾虑的人也会有白兰地。”在这之前，弗洛伊德就已将“宗教”视为“显然是幼儿用的”安慰剂而排除在外了，因为宗教涉及“一个伟大而崇高的父性人格”；同时，他拒绝了以“非人的、模糊的、抽象的原则”来取代人格化上帝的宗教。而在波爱修斯《哲学的慰藉》一书中，也涉及了这一种抽象的安慰剂，但人们必须区别“宗教”为何，是形而上－神学理论，还是与特定抽象想象相关的虔诚。波爱修斯并未称自己是一个虔诚的基督徒。他所著的《哲学的慰藉》显然是形而上－神学式的，有上述所谓的论证缺陷。相反，对于虔诚信仰作为主观感受的抚慰，对此的异议只有在涉及对上帝的相关想象以及对世界的作用时才有效。

那么，形而上－神学式思想框架的哲学，能提供何种抚慰呢？一种可能是较弱的、怀疑的实践性抚慰，如大卫·休谟所建议的，也如柏拉图《申辩篇》中的苏格拉底所做出的榜样（参见第二章）。休谟的建议使我们从封闭的人类观和时间观中得以解脱，使我们的注意力转移到了大量可验证的对抗不可靠承诺的真相中："长期以来，我一直带着怀疑态度思考着，在所有可能的问题中，什么是哲学家所认为的真相。我更倾向于对他们的结论进行争辩，而非一味地赞同。几乎所有的哲学家一直在犯一个同样的错误，就是基于有限的有效性原则，却不考虑无限的多样性，而这正是大自然发挥其效用的关键点。"凭借仔细的检查，以及在实践中仍有疑问的"原则"，哲学至少能提供些许安慰，帮助我们摆脱波爱修斯式虚幻又令人失望的幸福追求，而去寻找具体、现实的幸福，正如伊壁鸠鲁所建议的那样（参见第四章）。

波爱修斯的哲学的慰藉还有什么呢？我们还可以研究，能使人忘却一切痛苦的封闭性思想框架的暗示性以及负面影响是什么？滥用哲学和神学学说这种尝试以及危险的现实，正是目前社会政治的现状，无论是在法西斯主义还是原教旨主义的统治系统中。每次出现此类滥用现象，人类就会被说服放弃追求个人幸福以换取抚慰的承诺，作为未来或彼岸世界幸福的补偿。在紧急情况中，相应的承诺会通过身体的暴力得到强化。尽管“哲学的慰藉”并不借助暴力，但却让人们无法逃离他们思想系统的争论“监狱”。因此，波爱修斯的作品是个有力的警告，告诫我们仅依靠论证让人疼痛的哲学可能会被滥用而成为劣质哲学。当然，只要不以教条主义学说的方式出现，唯物主义式的追求幸福的批判性自我反思仍具有其意义，可以使我们关注宗教或是精神的幸福体验。

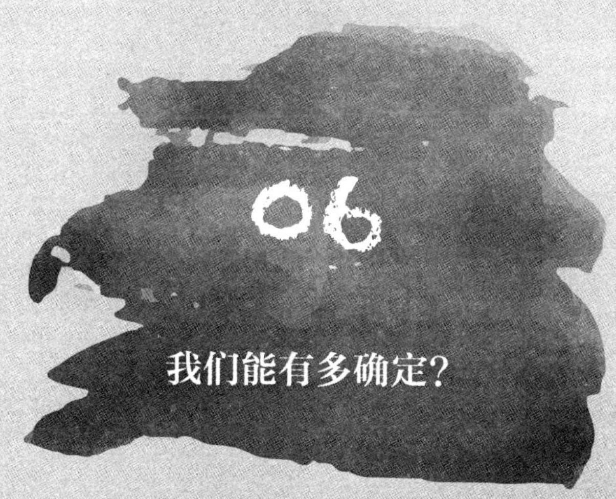

06

我们能有多确定?

笛卡尔的“炉边之梦”

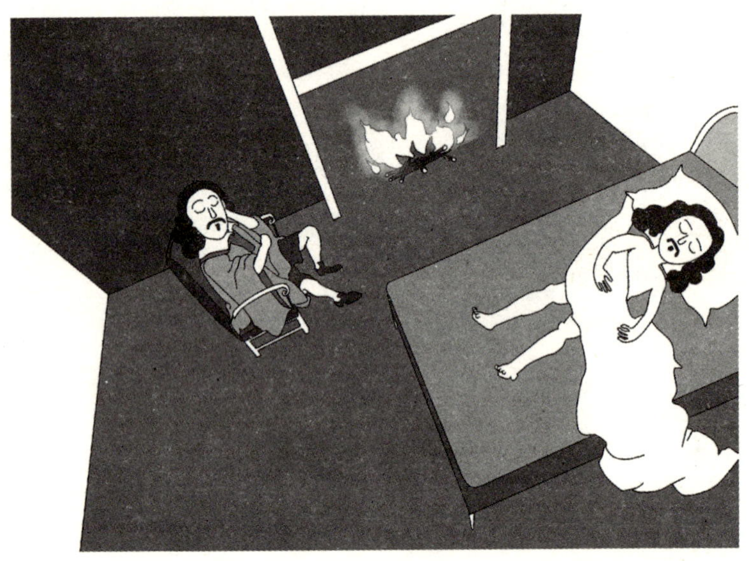

笛卡尔的炉边之梦表现出了他的极度不安，因为他不确定我们可以拥有哪种确定性。我们一定会怀疑自己是否生活在充满幻觉的炉边之梦中，但无论是做梦还是清醒，都不能改变我们思想的确定性。

此刻，就在这儿，我穿着冬天的大衣坐在火炉边，手里拿着纸抚摸着你。这双手本身就在这里，其实就是我的全部身体在这里，谁能否认这个呢？我必须要把自己和我不知道的某种疯子拿来比较，这些疯子本来就小的脑子由于他们的黑色胆汁释放出的令人作呕的气体变得愈发脆弱，使他们固执地声称自己是国王，其实却一贫如洗；或者声称自己穿着紫色的袍子，其实却赤身裸体；又或者声称自己是南瓜、玻璃做的。——但是这就是疯子啊，如果我拿他们举例，那我就和他们一样疯狂了。

太棒了！——就好像我不是个习惯在晚上睡觉，时不时在睡梦中遇到比我在清醒时遇到更疯狂的东西的人似的！可是，我却经常在夜里睡觉时，脑海中构造出这些寻常的事物和情况。就好像我现在穿着大衣坐在火炉边，而其实我也是脱了衣服躺在床上的。

笛卡尔（1596—1650）在他的著作《第一哲学沉思录》

中以他的炉边之梦来考验思想。在日常生活中，分辨清醒与梦境已经很难了，然而笛卡尔的质问彻底且极端："所有的感知和知识，甚至我这个个体的存在还有整个世界，难道不能都是梦吗？我们可以确定所知的东西吗？这又是一种什么样的确定性呢？"笛卡尔的炉边之梦表现出了他的极度不安，因为他不确定我们可以拥有哪种确定性。但是到底为什么笛卡尔极度怀疑他所知甚至他自身的存在，最终甚至怀疑这个世界的存在？他如此不安真的有什么原因吗？又抑或他的怀疑纯粹是因为他脑子有问题？笛卡尔不断地从新角度探究这些问题，自我折磨一般地仔细研究。甚至产生这些问题的缘由也是不合理的。哪有人真的会怀疑一切啊？如果将之用文字表达出来，使其具有某种意义以便其他人理解，那么这种怀疑本身不就暗藏着矛盾了吗？这样的话，人就可以预先设定信息以及人类的存在，这一点同样令人怀疑。难道不应该远离像笛卡尔这样的令人厌恶的牛虻之类的折磨？尽管如此，但如果陷入这样的怀疑中，可能最终获得令人惊讶的洞察力，也许还与笛卡尔期望的结果迥然不同。

笛卡尔追求探索确定性的过程包括两个截然不同而又愈发激烈的阶段：第一阶段，在他的方法论作品《谈谈正确引导理性在各门科学上寻找真理的方法》中，我们发现，他其实并不是那么强烈怀疑暂时确定的结论；第二阶段恰恰相反，笛卡尔在他的著作《第一哲学沉思录》中，陷入了极度怀疑的旋涡中。尽管如此，他仍然在他的方法论作品的一开始就表现出他对人类智慧坚定无比的信心：“健康的心智 (le bon sens) 是分布于世界上的最好的东西，因为每个人都希望拥有它，即使是那些在其他方面总是难以满足的人，一般他们根本不会要求得到超出他们本身已拥有的东西。这些人都犯错误是不可能的，因为这反而证实了他们具有正确判断 (bien juger) 以及分辨真假的能力。这些能力其实本来被称为明智或者理智 (la raison)，所有人天生就是一样的。”然而，足够的“明智”是不够的，“重要的反而是正确地运用它”。对此，笛卡尔继续用自己明晰的数学思考方式，并以此为典范发展出了方法规则，还举例说明，正是这些方法规则才是有必要的。

笛卡尔在他的方法论著作中，表现出了他对自己所受的教育的失望。他曾在法国拉弗莱舍（La Flèche）耶稣会领导的精英学校接受教育：“孩童时期我就开始接受教育。我被灌输的理念是，通过人们给我的帮助，我能获得所有对生活有用的、清楚而又明确的知识，所以我如饥似渴地希望获取这些知识。然而，当我完成了全部的学业，和其他人一样照例被列入学者的行列后，我却完全改变了自己的想法。因为我发现我自己被卷入越来越多的怀疑和错误中，导致我努力教导自己的那些知识，除了让我不断发现自己日益增多的不确定性外，毫无其他用处。可我上学的地方可是欧洲最知名的学府之一啊。”虽然笛卡尔认为学习古老语言，研究古代文献特别是历史文献，具有一定的价值，因为他由此了解了人类的生活方式和看法观点；但是其他知识领域却让他倍感失望，唯有数学除外。笛卡尔喜欢数学，“特别是因为数学的确切性和原因的显著，可是我还完全没有发现它真正的用途。我觉得它只对机械手工业有用，而人们在如此稳固的基础上却没有去建构更加高层次的东西，这一点让我很是惊讶”。恰恰与此相反，与笛卡尔同时代的哲学——这些哲学可能是以它单纯定义的学院形式和纯粹的概念性的证明与反证明的形式出现的——却让他失望了，因为在这些哲学之中“没有一样东西不会引起争议，所以事事皆使人怀疑”。他甚至也获知，“人类所能想象出来的东西，不管是多么特殊又或是多么难以置信，其实都是早已被某位哲学家预言过的了”。

笛卡尔对当时的科学，尤其是对科学的顶尖学科哲学感到深深的失望，正如他在教育总结文章中记述的，他在完成学业和短暂的法学课程后——那时他大概二十岁，“完全放弃了学术教育”，而且“除了在我自己和世界这本伟大的教科书中汲取知识，对其他的科学 (science) 一概不闻不问”。他想通过旅行去了解更多的风土人情，积累“经验”，去独立地思考，真正地体验成果，而不是像“一个坐在书房的学究”，仅仅靠“推测”的引导来远离“健康的人类心智”。的确，正如笛卡尔总结的那样，他靠这种方式确实没有找到什么“我可以确信的东西”，但他毕竟克服了早期对“范例和来源”的遵循，它们“让我们与生俱来的光芒黯淡，减弱我们听从自身理性的能力”。相比较单纯推测的科学，笛卡尔更信赖“健康的人类心智”。但是就像他在方法论著作中一开始确认的那样，这也是需要稳定的引导的。

在他方法论著作的第二部分，笛卡尔描写了自己如何在三十年战争开始时在德国从军。1618 年冬天，在那个没有“令人分心的娱乐消遣”和远离“烦恼与激情”的军营，“独自一人在温暖的房间关一整天，悠闲自得地和我的思想对话”。在那段时间，他把当时自己在学校尚不清楚的数学的真正用途研究透彻了。他的方法论著作接下来写道，他发展了一个具有普遍适用性的分析型方法，广义上来看，这个方法遵循的是数学明确性的指导思想，这个在我们今天看起来几乎是理所应当的了。然而，笛卡尔追求的可不是“每个人都要遵循这个方法来正确引导自己的理智，我只是清晰地展示我自己用何种方法来尝试引导我自己的理智”。健康心智的正确引导基础是心智本身，至少在心智自己反思生活中那些成功的普适性方法时。笛卡尔这里指的是“那些简单的考量，是一个人凭借着健康的心智，以自然的方式呈现出来的事物”。就像笛卡尔作品的标题，经由笛卡尔发展的“正确引导理性以及研究科学真相的方法”，是以“几何学家”为典范，由下面四个简单的原则组成的。笛卡尔用了不到一页纸就将这些原则总结出来了：

1. 证据："如果我不能靠证据辨别某物是真实的，那么我决不接受某物为真实的；意思是说，要小心规避仓促和预设，让我头脑的判断保持清晰（si clairement et si distinctement; 拉丁语 clare et distincte），让我丝毫不去怀疑它。"

2. 分解问题："我想探索的每一个难题都按需被分解成尽可能多的部分，以便更轻松地解决。"

3. 层级顺序："先从最简单、最容易认识的事物开始着手，一步步地阶梯式逐步上升，直至上升到高度总结的总括性知识"，必要时还要设想自己个人偏好的顺序。

4. 完整性："全面完成完整的列举和普适性的概要，以确保无遗漏。"

笛卡尔继续用三个测试来检测他的方法。首先，他在作品的第三部分列出了自己也同样遵循的"道德次第"。

· 首先，"遵守祖国的风俗习惯"，保持"信仰"，遵从"最合适"的意见。

· 第二条，他的基本准则要求自己，"尽我所能保持行为坚定且不动摇"。笛卡尔用比喻的手法解释，就好像一个人在森林里迷路了，最好是继续沿着眼前的路往前走，而不要漫无目的地四处徘徊。

· 第三条基本准则，同样遵循经验而不是简单的猜测：“战胜自己，而不是命运。”

· 第四条基本准则，说的是如何最大程度地让人的一生有所遵循，这是他以自己的真实经历为基础的：“我所能做到最好的，就是以我现在的状况继续向前，用我的一生来培育理性。”前面的三条基本准则也是从这条发展衍生出来的。

所以，笛卡尔的“道德次第”说的其实并不是单纯的暂行性的道德，而是被视为斯宾诺莎《几何伦理学》的前身，这本书本身就是具有确定的公理和引申的作品。笛卡尔宁可代表那些以生活世界为依据、致力于不断改善自身的道德，根据他的第一条基本准则，其内容可以追溯到先用的“风俗习惯”，同时可根据他的方法论的基本准则对此进行批判性的检验。

第二个测试，或者说是笛卡尔的方法应用，是根据证据准则，来证实上帝的真实存在和灵魂的永生。正如笛卡尔自己所认为的，在他极端怀疑论的第二阶段，这些都是结论，并且之后都要再次被批判地加以检验。

第三个测试是依据当时的研究状况来研究一个物理医学问题——“心脏的运动”。笛卡尔在最后的展望里强调到目前为止他在科学方面所取得的成就少之又少，需要探究的东西还很多。同时，他也相信，凭借理性做事方式可以得到越来越准确的知识，尤其在医学领域。自从那个时代开始，他的信念已经不断得到证实，即使他的希望和目标，即人类如何可以最终“成为大自然的主宰者和拥有者”，因为和已知的科学技术进步相矛盾，如今备受怀疑。

他怀疑的第二阶段——笛卡尔在《第一哲学沉思录》中比第一阶段更极端地检验人类认知的可能性。他不仅不相信各个学科科学，还对科学准确性的诉求产生了彻底的不相信，也包括数学在内。笛卡尔在他的《第一哲学沉思录》的一开始就重新将他的“炉边之梦”（参见选段）以他早期的怀疑视角导入：“许多年前我就注意到，我年轻时候将太多的错误误以为是正确的，建构我的知识系统的基础不具可信性，以致我把我的人生中的一切都颠覆了。如果我想在学术上为那些无法被撼动、可以恒久流传的知识提供稳定的支持，就必须从最开始、最基本做起。”笛卡尔这里指的是为“学术”提供稳定的支持，而不是日常生活中的循规蹈矩。笛卡尔深信，如果不是从哲学中，我们还能从哪里获取学术的确定性？然而，他的《第一哲学沉思录》里论述的“哲学的基础”又是什么呢？如果笛卡尔不相信传统和推测，那他又以什么为基础来推进他的极端怀疑、重新搭建哲学与其他所有科学？他可以像在方法论著作中那样，信赖他的“健康心智”创造的经验吗？毕竟他也同样质疑“健康心智”。

笛卡尔站在古典和中古世纪向新时代和现代过渡的阶段，也处于从推测思考的自我认定到方法性思考的批判过渡的阶段。在他所处的那个时代，学术流传下来的形式开始失去有效性。弗朗西斯·培根 (1561—1626) 就在笛卡尔前不久严厉批评了过去的整个学术，从古代到中古世纪，也包括哲学在内。在亚里士多德的传统观点看来，哲学仅是以人想出来的定义和公理构建的，并没有以经验为基础。同时，培根还特别针对中古世纪的学院派哲学提出批评。培根的作品《新工具论》是他未完成的主要著作《学术的伟大复兴》中的一部分。在这部作品中，他从观察个例入手，进而演绎出普遍定义和公理，从而发展出归纳法。如此一来，他就为新时代的经验科学带来了胜利的曙光。但培根的不足是，他还缺少当今经验逻辑科学的第二个组成部分，而这恰巧由笛卡尔补充上了。根据他的理论，科学的基础不仅仅存在于经验中，还需要借助理性来重新诠释。也就是说，它们的逻辑形式、我们的定义和公理的有效性都必须被质疑，并且重新构建，包括理性和我们认识的有效性和确定性。

这听起来似乎有点儿吓人，因为如果所有的确定性都消失了，我们也会沉没于自己的存在中，便也不再感到安全。当然，笛卡尔的怀疑——至少在一开始——对他来说并没有让他对真实存在产生威胁。即便如此，在他基本的怀疑中，他仍然相信理性和思想的可能性能克服自己的怀疑。在一开始，他的怀疑是方法性的，或者也可以说，是纯粹在思想实验室空想出来的怀疑，而不是他完全个人或存在中的绝望，就好像“劈开我们心中那冰封海洋的斧子”（卡夫卡）。存在主义哲学家克尔恺郭尔（1813—1855）对这两种怀疑进行了区分：“怀疑是思想绝望，绝望是对个人怀疑。”然而，笛卡尔最开始的方法性怀疑随着他思想实验的推进扩展成了确实存在的绝望，最终威胁他失去所有的思想和自我存在的确定性。如果重视思想的绝对真诚，就无法逃避苏格拉底式哲学的撕扯实验；如果重视生活态度的绝对真诚，也无法逃避苏格拉底的哲学的撕扯实验。就像为这种痛苦的撕扯实验提供的奖励，怀疑过程的戏剧性而又微妙的形式也是一种智力上的享受，正如苏格拉底讽刺而苛刻的“质问”形式。

笛卡尔在《第一哲学沉思录》中以“炉边之梦”这幅画面，从完整诠释的思想实验着手。他在其中使用他的方法论的四个根本原则（证据，分解问题，层级顺序，完整性）。此外，他还以辩证法进行心灵层次的对话，使自己的论证阶梯式地逐步得到反证，直至他取得让自己醍醐灌顶一般的结论。而且，他还从经验性的现象入手，最后进行了独特的“骗子”思想实验。首先，笛卡尔把自己的分析作为一般前提，无须对已知知识的每种形态进行加工，他只需要以举出

勒内·笛卡尔（1596—1650），法国哲学家，理性主义的代表人物

“前提：一切会思考的都存在；小前提：我思考；结论：所以我存在。”这个句子其实表达了证据，这个证据是我们的意识发出的行为，也不再需要其他证据。这句话的书面表达是“我思故我在”。

最小可能的怀疑做示例就可以了，“因为在深藏不露的基础之上所有的建构都会自行崩塌”。关于笛卡尔的步骤，以下可以确认：

· 首先，笛卡尔从感官认知开始——对我们来说，这可能是看起来最确定的了。然而我们其实不能信赖这些感官认知，毕竟我们都知道“远处的东西显得小”这种幻觉。

· 接着，笛卡尔对自己提出反证，并不是所有的感官知觉都是假象。对我们存在的感官确定性“我在这里，穿着冬天的大衣坐在火炉边”，这确实是我们可以相信的。

· 然后笛卡尔再次反驳自己，其实这一切都是无法让人相信的。就好像他用炉边之梦的例子展示的那样，我们还是不知道自己是醒着还是在做梦。

· 我们现在是在炉边醒着还是做梦？这个怀疑，笛卡尔用“清醒视角”的确定性进行了反驳。凭借“清醒视角”，他可以看到每个有意义的感官行为，比如就像他现在看着一张纸，他刚刚在这张纸上写下自己的思路。他的头来回转动，感觉到自己写字的手。

· 即使某些感官行为的确定性也受到了笛卡尔的怀疑。笛卡尔其实是在用思考来反驳自己，他以前在梦里也有这样的行为，也有可能现在他也仅仅是在梦中进行同样的行为。

· 下一步，他不仅怀疑某些感官行为，还怀疑他的整个存在，因为“清醒和梦境绝不可能靠确定的特征被区分出来”。这个认知让他“深受打击”。他最开始只是怀疑方法，现在却开始出现对个人、存在的绝望。也许我们的整个存在根本就是梦境一场，也或者只是幻觉?

· 尽管如此，即使我们的整个存在仅仅是一场梦，也必须承认，在睡梦中看到的有意义的图像可能只是根据“真实事物的范本描绘出来”的。因此，至少“这些普遍的东西”，符合“眼睛、头、手，甚至整个身体都不仅仅是靠想象构建出来的，而是真实存在的”。就好像画家即使画出类似“海妖和半兽人”这样富有想象力的画，其实仍然是以不同生物的真实躯体形态为基础创造出来的，然后再对它们的幻想画面进行再次的加工重组。

· 笛卡尔还怀疑心智上可辨识的范本的确定性。在非常新式的、“不真实”的图像中，无法辨认出现实中的“现存的部分”。

· 笛卡尔继续进行反证，即使是非常新式的图像，也会被画家至少涂上“真实”的色彩。依此类推，在睡梦中，虽然模型或普遍概念可能会“不真实”，但是“至少其他比较简单而普遍的东西是真实的”，就好像绘画中的颜色。在笛卡尔看来，这其中包括“普遍身体的本质”(即“延伸”)，“进一步来说是延伸事物的形体，还有质量，也就是它的大小和数量，包括它存在的地点、持续的时间等诸如此类的”。根据这些对普遍概念及其普遍特征的区分，笛卡尔区分出学术类别，一类是研究“组成之物”，例如物理、天文学或者医学；另一类是研究“所有最简单也最普遍的事物”，例如算数或者几何。和物质性科学不同，现在人们的辨别方式、研究形式并不考虑他们的研究客体“是否存在于现实中”，而更多地考虑是否“含有无可置疑的确定性”，如“2+3=5”“正方形最多四条边”。形式性的普遍特性这样的事实似乎让笛卡尔觉得他毫无疑问已经实现了自己的目标。这个事实无可争辩，但必须说明的是，只要这样的分析完全是来自于所应用的概念的定义。

· 但是，笛卡尔也用特殊的思想实验质疑了数学真相的确定性。我们在各个方面包括数学的真相上被“某个邪恶而同时又万能、狡猾的精神体”迷惑，这种可能性不能在一开始就被排除。笛卡尔近乎绝望地想象，我们所知的所有以为是事实的事物可能“只是梦境的迷惑游戏，让我们轻信”。炉边之梦对他而言成了噩梦，他的怀疑也可能变为绝望。

· 但是笛卡尔在这里又再次提出反证，如果他认知到的东西都是不真实的，他至少可以“顽固”尝试尽可能避免错误，不让自己“无论怎样强大和狡猾都会被骗子欺骗”。

· 笛卡尔继续反证，这些常识都是“辛苦的努力”，其实，他也害怕“懒惰会使我回到习以为常的生活方式”，这种生活方式让他被设想出来的骗子编织的真相再次蒙蔽，最后他暗指柏拉图的“洞穴囚犯”和滑稽演员，他们可能喜欢“舒适的平静”胜过“苦苦清醒”。

笛卡尔在《第二哲学沉思录》中重新尝试摆脱自己的极端怀疑，几乎只运用证据原则：

· 笛卡尔大胆活跃地想象“辛苦”反击全能的骗子所带来的真实后果之后，他筋疲力尽地入睡。第二天，他得到了中期结论：“昨天的观察让我严重怀疑这一切，以致难以忘记，然而我也看不出要如何解决这个问题；相反，我就像突然坠入深不见底的旋涡般混乱，让我既不能站稳，也不能游到水面。”

· 然而，笛卡尔决定不放弃这场战斗，要“脱离”这个旋涡。虽然他有方法上的怀疑，但仍然相信自己并没有胡说，而是在表达可被理解和批判的理性思考，因此为了反驳他“巨大的怀疑”，他并不向救援的反面论点寻求庇护。事实上，他确实没有摆脱所谓的表演性矛盾，他做了自己所怀疑的：他思考了。后来，他才出于怀疑和思考的意识，得出了论点来支持自己的清醒，而不是可怕的睡梦状态。

· 在笛卡尔重新开始之前，他再次演练了一次他怀疑的所有步骤，直到刚刚所做“邪恶魔鬼”的思想实验。他假设，这个邪恶的魔鬼在他所有的思想中都以假乱真，接着出现了对笛卡尔来说暂时的解救性想法："他尽其所能迷惑我，但他依然无法让我以为我不存在，只要我还在思考我自己是什么。"由此才有"我存在"，而且是作为"思考的存在"，这在笛卡尔看来是"必定为真"。这个句子，可能并不像字面看起来那样，不是三段论法结构的结论，即"前提：一切会思考的都存在；小前提：我思考；结论：所以我存在"。这个句子其实表达了证据，这个证据是我们的意识发出的行为，也不再需要其他证据。笛卡尔因此回到他的方法论著作的想法之一上。在书中，这个表达方式略有不同："我思故我在"(je pense, donc je suis)。这句话也被视为表达观点的例子。今天，这句话的拉丁语译文"cogito ergo sum"也成了高等教育的公共财产。

· 对自己本身的确定性不足以让笛卡尔克服他的绝对怀疑，因为这种确定性还没有说明思考或者思想的确定性。因此，笛卡尔用自我批判式的回答来质问究竟什么才是"思考的存在"。

· 他自己回答自己的问题："现在有一种存在，它怀疑，理解，赞同，否定，渴望和不渴望，想象并感受一些画面。"借助清晰化这些画面，笛卡尔进一步表达了自己的想法。笛卡尔，将自己作为会思考的存在来做了这些，不论他是清醒抑或是处于梦境中，这些都是他意识到并且确定的。

· 笛卡尔继续问自己，这一切都为他追寻确定性带来了什么？他还警告自己，不要在追寻中“迷失”。为了让自己专注于追寻确定性的问题上，他把到那个时候为止的考量再次在这个现象上演练了一遍。什么是认识“比如这块蜡”？如果把这块蜡靠近火，那么它所有有意义、可感知的特性，例如它的味道、气味、颜色、形状或者大小都是可以改变的，“然而它仍然是蜡”。

· 笛卡尔对确定性的疑问并不包括感官性和那些会消失的品质。比如“这块蜡”的某些品质——可以感受到的“蜂蜜味儿”“花香气味儿”。在柏拉图的两个世界理论传统中，寻求确定性的肯定知识只涉及“留存”的知识。这就是这块蜡呈现在我们面前的数量。新时代的科学观点主导了人类生活世界观，而人类就像感官物质本身，都是会消逝的。海德格尔对我们眼前草地上“开花的树”进行了现象分析，批评了这个发展的影响。

· 笛卡尔于是提问：会“留存”的蜡是什么？他的回答是：那是物体，而物体是可以“延伸”的东西。那“延伸”又是什么呢？笛卡尔就这样质问日常名词“延伸”的普遍特征，就像他早先已经在他的睡梦分析中做过的那样。

· 延伸可以有无数不同的形态，比如正方形、圆形或者带角的。这些多样性我无法完全从感官角度去想象，只能靠思考。结果是：这块蜡还是我之前感知到的那样，但不是感官感知的，也不是会消逝的，而是留存下的一些东西，只有

“独特观点和理解”才能被接受。笛卡尔因此又回到他第一沉思录中已经得到的见解，即认识只能靠理解获得。同时，他的认识论和本体论通过柏拉图的两个世界理论连接起来：留存的、确定的认识只能涉及留存的本体。他的人类学作为学说，研究人类是什么，是靠人类不能以他的感官性变动特征，而是只能以他作为思想的存在这一留存的特征来设想和认识，进而推论出来的：“我偶然从窗户看到人们在街上走，就像我对蜡一样，我也可以对这些人说：我看到他们了，但是我看到的只是帽子和衣服，下面可能隐藏着机器人，但是我却仍然判断他们是人。”

· 笛卡尔的判断只是依据思想的标准，并不是依据感知的特征，比如人的感受或者死亡。就像他将对物体的认识归入对数量的认识一样，笛卡尔将人类归入思想特征也是贡献了一点儿自己的观点。这个观点认为，当代人类可以被视为思考的电脑，也可以被量化为某种功能性的事物。

· 笛卡尔想借助“我思故我在”的观点走出怀疑和绝望的深渊，但看起来似乎没有成功，因为他并没有获得我们精神活动的确定性，原因是这些活动都有可能是假的，就好像笛卡尔重新拾起了他的骗子观点。

为了反驳骗子观点，笛卡尔用《第三哲学沉思录》作为上帝论点的最后王牌投入论战。骗子的想象与上帝的观点相悖，在上帝的善良之中，我们不能怀疑，也不能感到绝望。

·但是笛卡尔接着自我批评性地质问，如何证明上帝的存在呢？笛卡尔基本上重复了上帝的证据，这一点他已经在他的方法论著作中说明了。他论证了我们对不完美的想象，需要预设对完美的想象。人无法理解人会怀疑或是不完美，“如果无法想象自身是完美的存在，这个想象可以让人进行自我比较，还可以认识自己的不足”。就这样，笛卡尔遵循古代和中古世纪形而上的上帝存在证据，从不完美的概念入手去论证完美的存在——上帝的必然存在。

·完美上帝的存在还没有反驳笛卡尔的骗子理论，笛卡尔在痛苦的怀疑中，或者说是在可能存在的绝望中继续论证。只要他尚未达到对思想所期望的确切性，他就不会停下来——即使他在创作《沉思录》时，肯定是知道了摆脱他的极端怀疑和绝望的出路，可是他继续把读者引入到自己之前曾经堕入的“深不见底的旋涡”。我们有机会思考，全能的骗子和善良的上帝是并存的，邪恶也是可以压倒善良的。

·在笛卡尔看来，上帝完美而全能的特性排除了邪恶的存在，否则上帝就不完美了。因此，没有邪恶的骗子能彻底欺骗我们，即使是在数学的确定性中。所以，善良的上帝是我们数学的、量化确定性的保证，以此为示范，保证了我们认识的确定性。

·笛卡尔在《第一哲学沉思录》的最后“强烈怀疑”，之后沉入睡梦开始休息，以便之后重新寻找拯救的出路。在他确定找到出路之后，可以用“观察上帝一段时间”来犒劳自己，然后体验了“最高愉悦”。笛卡尔以此将自己比作柏拉图的被释放的洞穴囚犯，不过又在柏拉图的“善良之意”或者基督教上帝存在的证据之外加上了这句话：“就像信仰教导我们的那样。”对此我们还有一点疑问：笛卡尔最后相信的是宗教信仰，还是他明确的理性见解？

在接下来的《第四哲学沉思录》和《第五哲学沉思录》中，笛卡尔又仅仅借助他的证据原则，来审视已证明的精神本我及上帝存在的确定性所带来的后果：

·对笛卡尔来说，第一个后果就是排除了上帝的完美。上帝在各方面，包括在我们的明确见解之中，都欺骗了我们。

·随之而来的第二个后果是，我们在自己的判断力之中不会被彻底迷惑，笛卡尔将此与“健康心智”相提并论。在他的方法论作品的开头，他将这一点作为基础点。现在，他继续论述道：“如果我在自己身上发现了某种判断力，我很确定这就像我内在的其他特点一样，都是从上帝那里获得的，因为他不想欺骗我，所以只要我合理使用它，这种判断力就不会让我犯错。”

·接着，笛卡尔回答了自己的问题，即为什么我们人类会犯错。虽然这不是全善上帝的意图所在。笛卡尔认为，其原因是，我们的意志有勇气进入“我不理解”的领域，而不能将原因回过头来归结于“上帝的参与”。

· 笛卡尔以他的上帝论证确认自己已经达到寻找确定性的终点。大概在《第五哲学沉思录》接近尾声的时候，他表示“没有反证可以导致我怀疑”。笛卡尔凭借他对上帝存在的证据，克服了可能完全是谎言的噩梦，正如他利用炉边之梦的画面：“要说什么呢？比如说我不久前的异议，我也许做梦，也许是我现在所想的一切，难道没有我梦中看到的真实吗？不过，这什么也改变不了，因为即使我做梦，我心智以为的东西，一定全部是真的。”无论我们是做梦还是清醒，都不能改变我们思想的确定性。炉边之梦只是一个日常问题，不会继续扰乱我们的心绪。而且，借助当今的技术，脑补扫描也可以解决这个问题。

在《第六哲学沉思录》中，笛卡尔尝试证明我们也可以认识身体类的事物，并且我们身体的精神不依赖于身体而存在：

· 笛卡尔补充了数学认知的确定性，他认为，原则上从“想象力”也可以确实认识实体或者物质性的事物。然而，灵魂是“思考但不延伸的存在”，很明显，这和“延伸而不思考的存在”不同，甚至可以没有灵魂而存在这个论断，符合柏拉图两个世界学说的传统。(参见第三章)。

· 但是整体来说，笛卡尔在《沉思录》的最后一句中自我批评性质地总结了他从一开始就苦苦追求的确定性：“不能否认，生活总是暴露于乱七八糟的细节中，人终究是要承认我们天性的缺点。”

笛卡尔在《沉思录》中和读者大胆进行怀疑，甚至对我们个体的确定性感到绝望。但是笛卡尔凭借他的论证过程又可以得到多少确定性呢？对那些随着他走上极端怀疑道路的人来说，这个问题的答案令人为之一振。显然，笛卡尔对证据原则的期望高于它所能达到的。受限于形而上 - 神学传统的思想框架。他并没有自我批判性地质问他对上帝存在的证明是否真的经得起考验。他所宣称的上帝的存在通过定义或者分析的形式包含在上帝这个概念中，就这方面来说，完整的概念肯定包含存在的特性。但是，在这个概念中，并没有包含对其存在的现实性判断，因为真实的存在并不是由想出来的存在推论出来的。笛卡尔和在他之前的坎特伯雷的安瑟伦（1033—1109）所代表的“本体论上帝存在证明”，这个证明是以概念推论事实。根据康德在《纯粹理性批判》中的阐述，这是“逻辑和真实谓语的混淆”。康德认为，想证实上帝的真实存在，已经超出了人类思想的可能性。人类的思想受限于时间与空间，并且对“超越直觉”的存在无从陈述。恰恰相反，笛卡尔相信人类拥有以纯粹理性为基础的事实认知，但却没有他一直要求的无可怀疑的证据。

寻找绝对确定性造成的失败，是不是意味着寻找我们思想的确定性或者肯定性也是失败？反而，我们必须听天由命、虚心接受笛卡尔一开始就抱怨的不确定性吗？确定性或者不确定性的两级是有解决的出路的。笛卡尔的形而上－哲学思想框架引导他去寻找确定性，这个寻找对确保我们的心智既不必要也不可能。笛卡尔在方法论著作中提出的四个原则足以让我们将健康心智正确运用在学术上和日常生活中。如果要确保心智的健康，其实是不需要上帝的那些绝对的、形而上的确定性的，也不会被邪恶的骗子误导。

即使摆脱笛卡尔以不成立的形而上前提所做的假设而追求的确定性，也还不能排除对他的证据原则的怀疑。我们真的能相信我们以为是真的的东西吗？好像看起来我们有实证，后来却必须认清这些是错误的，这个类似于本质论的上帝存在证明。在这方面我们难道没有足够的经验吗？笛卡尔本人也强调，证据原则也是建立在被证实的现实生活经验基础上的，也必须经受批判性的检验。如果不追求绝对，而是追求对人类可能的确定性，上帝证据的失败就不会导致我们只剩下“绝对不确定”这个选择，而会在“绝对确定”和“绝对不确定”之间给我们第三条路可以选：尽可能被完美检验的真实论断和意见。

那么，笛卡尔在追求确定性这条路上所获得的东西，有哪些在今天，也就是说在如今没有形而上这种神学思想框架情况下，仍然可以经受得住考验的？开诚布公地讲，我们一定会怀疑自己是否生活在充满幻觉的炉边之梦中。以笛卡尔的方法论推导出来的健康心智，在我们追求认知的过程中，不会因为天真的确信，而是因为自我批判反思的确定性，而变成容易出错的、有出错可能的确定性，这些都不会过度相信证据原则。在笛卡尔怀疑的第一阶段中，怀疑的牛虻“由于我们天性的弱点”必须承认是无法割舍的。同样，对绝对的思想家和忧心忡忡的保守思想家来说，对绝对确定性的必要性和可能性的持续而痛苦的怀疑是不可避免的。笛卡尔第二阶段对一切的极端怀疑既不可能也不必要，反而要留意他在方法论著作一开始就表达过的，但是却没有落到实处的自我批判怀疑：“我将这部作品视为一个故事，或者如您各位所愿，也可以是个寓言。其中，除了一些值得效仿的例子，也许还能找到一些出于好的原因但不能模仿的例子。因此我希望，这本书对一些人是有用的，至少不是有害的，而且所有人都会感谢我的坦诚。”

通过对实证数学思想或者量化思想的高估的经历，如今的我们相比于身处科学技术进步成功史之初的笛卡尔，可以更好地认识科学主义独占诠释的黑暗面（参见第九章），以及自诩“大自然的主宰者和拥有者”的人类身上的傲慢。这样的认识可能和笛卡尔对当时“推测性”学术的批判一样折磨人，同时还打开了我们经过启蒙的“健康心智”的双目，让我们可以看到通往完全真实的人类和世界的道路。

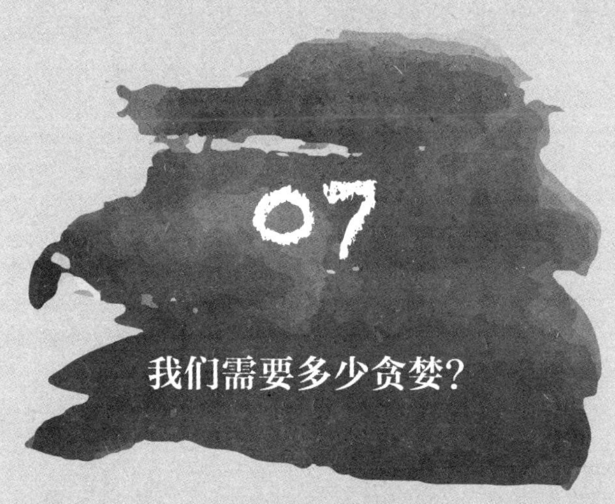

07 我们需要多少贪婪？

伯纳德·曼德维尔的《蜜蜂的寓言》

伯纳德·曼德维尔（1670—1733），英国哲学家、古典经济学家

曼德维尔的作品《蜜蜂的寓言》（1714）的副标题“私人的恶德，大众的利益”已经包含了他主张的私人恶德可以带来大众利益的挑衅观点。毫无疑问，个人贪求和自私可以提升普遍的福利。

蜂巢，无可比拟
权力和财富。
勤劳而喂养丰裕的蜂群
战争与和平时期都受到尊重，
在以艺术和科学而闻名的故土。
……
蜜蜂的生活正如
我们的生活，只是
在人类看来，
这只是一个微观世界
……
全国没有不存在谎言和欺骗的
地方和行业。
律师足以
扭转正义，只追求正义，
而不是政党和解，
反而是挑拨离间
……

医生日益富裕，
不顾病人疾苦。
不为救助付出
……
渴望，
上天祝福的人，
很少严遵教诲，
大多多话且疯狂。
然而大多数成功隐瞒，
填满骄傲与物欲的沟壑，
受到同等赞誉者，
还有士兵博弈与豪饮。
……
受令搏命的战士，
存活下来的则获得荣誉：
也有虽成功躲避进攻，
但也冒着断头危险的人。
有将领骁勇善战如英雄，
也有人收受敌人贿赂。
……
首相为国王办事，
但衷心者却不多，

因为人人为己，
觊觎自己效力的王冠。
……
没有蜜蜂，不想
多打仗，多于应赴之战役，
但是若希望展示自己，
也要付出代价；……
执法者，追求崇高，
尚能感受这些，不过也是眼盲，
常常放下手中的天平，
收受钱财。
……
即使是恶贯满盈，
却似上天堂。
……
美德，向政治
学习狡猾的诡计把戏，
在预设的路上
成为狐朋狗友；今后
甚至成为恶人之首，
担任公众事务。
……

这些小动物虽然对统治者满意，
但是，稍有差池，
就止不住
军队，舰队，政府逃亡，
责怪谎言，
善于原谅自己，
却不曾宽容他人。
……
然而，一直在观察的朱庇特
不爱这些争吵，喊道："够了！
摆脱谎言吧！"
很快就实现了——正直
遍布世界。
……
哦上帝啊，多恐怖啊！
转变太突然了。
……
如今摆脱奢华，
贸易业随之消亡。
手工业愈加衰退，
企业日益衰败。
手艺行当枯萎，

雄心壮志消散，
让满足去享受
不足而无所怀念。
……
于是何不曾闻：美德
在伟大国度无处栖身。
尽情骄奢淫逸地生活，
在战场发光，并奋斗着
摆脱负担，一切
都是乌托邦。
骄傲，奢华，还有谎言
必须存在，人民借此繁衍。
……
仅靠美德不足以走远；
希望回到金色年代，这不能被遗忘：
当时人们要吃栎属来充饥。

捍卫贪婪，为了个人和大家的利益，人类需要多少贪婪？即使是这样谨慎的提问，都会引起大多数人道德上的愤怒。因此，当时的伯纳德·曼德维尔（1670—1733）捍卫贪婪，也引起了强烈的反感。这就不足为奇了。尤其是道德的庇护所教会方面，对此尤为不满。只有其他几个哲学家例如康德，还有少数几个当时的经济伦理学的代表人物，也同样捍卫贪婪。毫无保留地“赞成或反对”是远远不够的，还必须提出一连串的问题：我们需要多少贪婪？紧接着是基本问题：（好）目的可以合理化（坏）手段吗？多贪婪才能使之成为实现大众利益的手段？贪婪是什么？是好还是坏？我们生来是贪婪的还是道德生物？如果我们想要进一步澄清贪婪这个现象，不仅是对我们行为的根深蒂固的偏见，还有我们都必须对自己的想象进行痛苦的自我检验。

曼德维尔尖锐地批判了当时世人对人类公私领域的美德及恶德的常见想法，他自己还对“贪婪”在他那个年代所扮演的角色，提出讽刺的建议。他的诊断和治疗放在今天来看都很实际。曼德维尔的作品《蜜蜂的寓言》的副标题“私人的恶德，大众的利益”已经包含了他主张私人恶德可以带来大众利益的挑衅观点。曼德维尔描绘了当时盛行的双重道德，在公众前虽然批判例如贪婪、自私等个人恶德，但也公开遵照这些恶德行事。他不批判双重道德，反而是在实践的恶德中看到对公众的好处：“虽然恶贯满盈，但却宛若在天堂。”他确信并且推荐，不道德是并且也应该是大众利益的主力军，这个建议在他那个世道甚至直到今天都是备受争议的。毫无疑问，个人贪求和自私可以提升普遍的福利。但是享受最大利益的难道不是那些少数人吗？正如曼德维尔被批评是毫无下限的市场经济教条，而不是“普通人”。弊端影响确实很大，试想一下奴隶和童工，或者将所有工作和生活流程效率化，还有世界范围内对自然资源——这一人类生活的基础——的剥削。曼德维尔的主张让人反感的原因还在于，这个主张把恶劣的现实看作不道德行为合法化的基础，而不是克服它们的推动力。不过，曼德维尔把一面虚假的双重道德之镜放在他和我们的时代面前，让我们真正地关注真实的社会关系和真正的而不是期望的人类天性。他本人是否真的赞许双重道德，他对人类的消极描述是否正确而且对所有人有好处，这些关于贪婪的讨论直到现在都是经济伦理学的主题。

曼德维尔是位思想家，是位医生，同时也是位作家。他出生于荷兰，攻读哲学和医学，取得了这两门学科的博士学位，成为神经与胃病专科医生。除了医生职业之外，他还是一位非常成功的作家。17 世纪 90 年代，他搬到了伦敦。1733 年，曼德维尔在伦敦近郊去世。1695 年，他匿名发表诗歌《抱怨的蜂巢，或骗子变作老实人》，被印刷成为价值 6 便士的小册子；1714 年，他再次匿名发表《蜜蜂的寓言，或者私人的恶德、公众的利益》，其中增加了较长的注释和一篇评论性文章。1723 年，该书又发行了增订的第二版，这也是前文引言的出处。就像《蜜蜂的寓言》一样，曼德维尔的其他作品也大受人们喜爱。比如《被拆穿的少女，或者老单身女人和侄女的女性对话》(1709) 讲的是女性轻信他人，容易受诱惑。另外，还有《鼓吹公共妓院，或者论国家境内职业娼妓》（1724），《泰伯恩多种行刑原因调查研究，以及对待囚犯的建议》（1725），论述了为保护财产而采取的严格恐吓措施。尤其是《蜜蜂的寓言》的论点，被理解为支持不道德行为，结果受到尖锐批评。例如主教和哲学家乔治·贝克莱就写了《阿尔西弗龙，或者睿智的哲学，基督教的七段对话及反驳自由思想家》（1732）对他进行了反驳。总而言之，曼德维尔的作品被视作流行哲学，大受关注和赞同，并且多次再版，还被译为其他语言。

曼德维尔形象地描述了那个时代的社会状态。比如《蜜蜂的寓言》的发行人瓦特·尤克纳这样写道："他对早期资本主义的辩解分析得越准确，就越像黑色幽默。"在大资产阶级对抗新贵族的光荣革命（1688）之后，英国发展成为先进的贸易和工业国家。当时的社会状况受到巨大的贫富差距、贸易思想与文化兴盛的影响，到处都是贿赂等其他犯罪行为，正如《蜜蜂的寓言》所描述的那样。在和他的作品一起出版的注释、其他文章中，曼德维尔清楚地阐释了他的启蒙哲学立场，这比从寓言中理解还要清楚直观。在1714年的新版本的前言中，他强调，虽然自己的论点备受指责，但他的作品绝不只是"对美德和道德的讽刺"，更不是"对恶习的鼓励"。恰巧相反，他真正的意图已经清楚地在《蜜蜂的寓言》附录的"引言"中表达出来了。他批评“很少有人对自己了解透彻”，因为“大多数作家只是说明自己应该怎么样，却很少有人关心，自己实际是怎样的”。相反，他想要描述的是“完全在本能状态下、不知上帝的人类”。曼德维尔不想描述宗教改良的人类，而是要在观察的基础上刻画一个真实的人类。

曼德维尔在《蜜蜂的寓言》之后的评论文章《德行起源调查》(1714)中，把人类归为“生活在自由中的动物”，所有人都追求“纯欲望的满足”；人类因其“以自己的天性来追随好恶，而从不关心自己欲望的满足会对其他人带来哪些好处或坏处”。相反，源自以柏拉图和亚里士多德的理论为基础的基督教人类百态的特殊人类理性和社会能力，对曼德维尔来说已经不值一提了。他对此解释，这种流行的人类百态是为了不可避免的社会性共同生活，“立法者和其他智者的任务是，教导他们要管理的民众，去相信这一点，即克制欲望而不放任它，这对每个人都有好处，并且，大家都要多多关注公共利益而非个人私利。……各个时代的道德主义者和哲学家竭尽所能去证明这条有益原则的真相”。另外，曼德维尔还补充了他的论点，借助立法者实行的“赞扬”和“轻视”系统，还有所谓的人类“理性天赋”，可以帮助人们认识个人美德对公众的好处所在。曼德维尔自己也明白，他揭穿了基本西方基督宗教价值的真面目，结果受到教会和以贝克莱主教为首之人的严厉批判。他的哲学思想是“为了伤害基督教”。

尽管如此，在今天看来，曼德维尔的“奇特悖论”“私人恶德即公众利益”的和谐在许多情况下依然符合社会现状，而且被当作纯粹而无限制的市场经济的合法性手段：只有为己者才会对其他人有用。但是，在经验的基础上，曼德维尔的悖论必须再添上两条重要的限制：第一条限制是，私人恶德若不加以规范，就不仅损害个人，也损害公众。比如 2008 年 9 月 15 日雷曼兄弟银行破产就是个例子；第二条限制——关于“人类自然状态下”的人类学陈述，曼德维尔认为，这既不符合个人及他的各种道德或非道德的动机，也不符合人类天性的普遍陈述。进化生物人类学的新研究已说明，人类在进化过程中，并不仅仅像社会达尔文主义主张的那样，发展出贪婪和自私，而且也发展出合作形态，可以限制纯粹私欲。这项能力既不是形而上学 - 宗教天赋或要求，也不是明智的立法者的发明。就像柏拉图时代科里亚斯被批判一样（参见第一章），这项能力是人类天生的特点。

曼德维尔代表的论点，即人类的“恶德”是公众利益的必要驱动力。直至今天这还是自由市场经济论战的讨论热点，最近一次是由 2008 年国际银行与金融危机引发的。危机发生的主要原因是银行家的贪婪，其次是投资者的贪婪。在公众和经济伦理学领域，“贪婪”被看作万恶之源。但在贪婪下掩盖的到底是什么，如何评价它？这些却鲜少有人探究。贪婪既不是人类无法改变的天性，也不是文化造成的人类特性，它也不需要被看作是资本主义经济系统驱动力，也不需要因已被证明的危害性而被批判。撇开关于经济的利弊讨论，贪婪不是被批判为恶德，就是反之被誉为人类行为的积极推动力。规范银行和市场的问题，扩展开来就是规范人类贪欲的普遍问题。在讨论当中，口头的“贪婪”被理解为“想要拥有更多”或者“想要努力得到更多”（曼德维尔）。按照传统，批评贪婪者的那群人由道德家和神学家带队。在基督教教会的恶德目录中，根据《马可福音》，贪婪（avaritia）和傲慢（superbia）、享乐（luxuria）、暴怒（ira）、暴食（gula）、妒忌（invidia）、无知（acedia）同属七宗罪。曼德维尔在《蜜蜂的寓言》中反而声称，贪婪是好的。但也有人反驳，“贪婪是双面的，有好有坏”，所以人们必须以正确的方式加以控制和利用。

在当今的经济伦理学对资本主义经济的讨论中，经常提及苏格兰经济学家和道德哲学家亚当·斯密（1723—1790）的“看不见的手”的比喻。这个比喻就好像曼德维尔的《蜜蜂的寓言》，对无限制的市场自由主义捍卫者来说是意义显著的。亚当·斯密的专著《国富论》（1776）中讲到某些投资人：“如果他偏向支持国家经济胜过外国经济，那他其实就是只考虑到自己的安全，但如果他因此促进了就业，使收益达到了最大值，那他追求的就只是个人利益。他会在这种和其他情况下被看不见的手 (invisible hand) 引导着，来推动一个他本来并不是可以想要实现的目标。这对国家而言，个人无意识地追求一个这样的目标也不一定是最糟糕的，正因为他这样追求个人利益，并且经常促进了社会利益，这比他有意去做这件事情还要更持久。”

“看不见的手”这个比喻在亚当·斯密的作品中只用了一次（第四卷第二章）。他并非有意把这个作为市场经济设定的基本原则，也没有把无人约束的贪婪与自私合理化为增加公众利益的手段。他只是反对由国家制定限制商品进口，而形成国内某些经济垄断。他以此假设资金受到操控，因此既没有给个人利益带来好处，也没有增加公共利益。所以，“看不见的手”并不是“看不见的”力量，而是机智计算的结晶，奠定在个人的实际经验基础之上：“显而易见，个人靠自己的知识可以更好地判断所处的关系和形势，这比某个政治家或者立法者能为他做的要好多了。他知道国内哪些行业适合投入更多的资本，哪些承诺高回报的会造成亏损。”

显然，曼德维尔把人类的恶德当作个人和公众利益的推动力，但却没有更进一步讨论经济真相，斯密也根本没有提到恶德和贪婪，只是提到了个人机智计算的交易可能对公共利益有好处，并没有讲普遍的贪欲原则被视为资本

贪婪，一方面包括对生活、对财富、对爱情或者对权力和名誉的贪婪，另一方面是对它们消极后果的恐惧被重新平衡。不管什么情况下，我们都要找到好的并且道德的、正确的中间点，这可能会造成不愉快的决定，但同样也是人类生活中不可避免的努力。

主义的动力。因此，斯密对当今矛盾的贪婪之争没什么帮助。相反，康德对贪欲的现实评价是贪婪是人类高度发展的必要推动力，但是他没有附加上道德规则。在他的文章《世界公民观点之下的普遍历史观念》中，康德假设人类有“懒惰的倾向”，这必须用人同样具备的“贪婪”来克服，因此“从粗鲁到文明”，造成了：“多亏了天性，因为妒忌争夺的虚荣心，因为无法满足的占有欲或者说还有统治欲。要是没有这些欲望，所有优秀的人类天性将会永远被埋没。”虽然康德无法用已有实证证明的理论来支持他的人类学和历史哲学阐述，但他已经从易于理解的观察和经验的角度入手了。

康德原则上也承认贪婪扮演的积极角色，经典电影《华尔街》（1987）中，金融大亨戈登·盖柯也用他那种言简意赅的方式说：“贪婪是好东西。”他为了个人私利，不择手段地进行贪婪的投资，让大大小小的投资者失去了本应获得的利益。盖柯为了安抚他们的愤怒，用曼德维尔式的信念表达了自己的信条：“重点在于，贪婪是对的，贪婪是好东西，贪婪是可以理清一切的。贪婪是不断进化和进步的核心所在，贪婪就是一切形式所在，对于生活，对于财富，对于爱情，对于知识，我们一定要贪婪。”不管认为贪婪是好是坏或者两者兼而有之，贪婪似乎难以完全剔除或者加以规范好好利用。盖柯也是如此，最终他因为诈骗被判入狱八年，刑满释放后，在续集电影《华尔街：金钱永不眠》(2010)中仍然执迷不悟，继续贪婪成性。靠经济法规来规范市场和个人行为，通过限制银行家的红利，或者通过让投资人纳税，经验告诉我们，这些措施几乎没有起效的；《圣经》的道德布道从一开始就没有显著效果。就像康德主张的那样，贪婪显然是无法被摧毁的，它是人类行为难以驾驭的推动力。神经经济学家甚至还想以科学手段来证明，对金钱的贪欲是遗传的。有些人对钱的态度就像吸毒，钱同样让他们上瘾。这个应该在银行经理身上做个测试，然后有目标地投入使用(《世界报》，2009年6月19日)。

那么，“贪婪”该如何更好地定义呢？首先，贪婪这个现象可以分成几种不同形式，就像戈登在《华尔街》中说的那样：“对于生活，对于财富，对于爱情，对于知识，我们一定要贪婪。”例如，对生活的贪婪如今备受关注，归功于现代仪器医学可以无限制地延长生命；对财富的贪婪是要求严格管控金融市场的关键主题；对爱情的贪婪是情色产业的基础；对知识的贪婪源自希望可以让基础研究的动力增加利用价值；还要补充康德提到的“对统治的贪婪”或者“对名誉的贪婪”。

因此，绝不仅仅只有一种贪婪，而是有众多不同形式的贪婪。它们的共同点是“要的越来越多”。相反，如果我们因为来自道德的顾虑或者恐惧而从一开始就限制贪婪，在我们尝试得出结果之前，那么我们就无从得知知识、生活、财富、爱情或者权力和名誉等所有可能的东西有何用途。我们可以从对知识的贪婪或者好奇的不同形式中观察、感受到贪婪的无限制。好奇是人类的天性，促进人类的持续发展。假设人类没有研究探索的好奇，可能今天还住在黑暗的洞穴中，身处“吃栎属”的时代（曼德维尔），“永远落后地沉睡”（康德）。好奇的第二种形式也是生活中不可或缺的：感官美学好奇。身为自然生物，我们想要作为文化生物一般愉快而充实又快乐地活下去。人类的文化从发展之初，不仅制造实用的狩猎和防御武器，也利用绘画、舞蹈和音乐这些手段来让环境吸引感官的注意，让外观受到重视。

好奇是自然和文化的遗产，是我们生存和生活不可或缺的。上面说的两种好奇也是积极和消极兼而有之。研究探索的好奇所带来的好处与滥用这种好奇产生的风险对立。发现核分裂使原子弹的使用成为可能。发现生命基因构造实现了人类和大自然的基因改造，还有对大脑神经的研究也是如此。感官美学好奇也是矛盾体，比如出于好奇的灾难观摩旅行会妨碍救援行动。

我们需要多少贪婪呢？没有贪婪，我们不可能生存，更别提安逸地生活。与此同时，我们的贪婪也受到约束。不受约束的贪婪将会危及我们的生存和共同生活。所以，贪婪，一方面包括对生活、对财富、对爱情或者对权力和名誉的贪婪，另一方面是对它们消极后果的恐惧被重新平衡。不管什么情况下，我们都要找到好的并且道德的、正确的中间点，这可能会造成不愉快的决定，但同样也是人类生活中不可避免的努力。

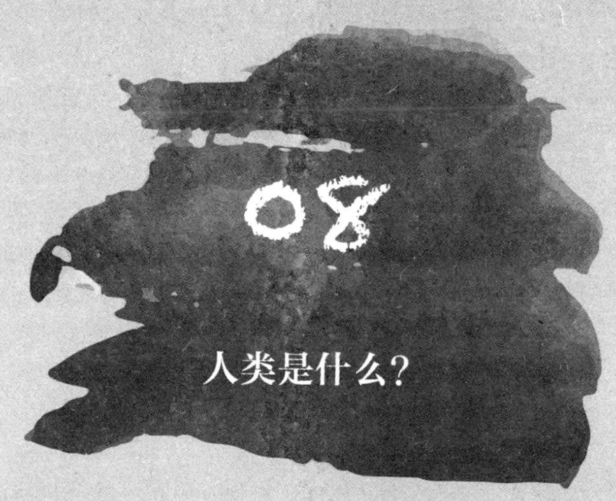
08
人类是什么？

伊曼努尔·康德的“头顶的星空”和“内心的道德法则”

伊曼努尔·康德（1724—1804），启蒙时代哲学家，德国古典哲学创始人

康德是人类自主和自由的狂热捍卫者，也见证了它们在1789年的法国大革命中得以实现。人类行为自由，有责任心，具备承担责任的能力，这些都超越了“动物”。

有两种事物，我对它们思考得越是深沉和持久，它们在我心灵中唤起的惊奇和敬畏就会日新月异，不断增长，这就是我头顶的星空和内心的道德法则。两者都不容我用黑暗遮掩，或者在地平线以外过度狂热地追寻和妄加揣测；它们就在我的眼前，直接把我和我存在的意识连接。前者从我在外在感官世界所处的位置开始，在我所在之处延伸连接，一直连接到无尽头的、处于世界之上的宽广世界和系统之上的巨大系统。此外，在它们周期性运动的无限时间中，不断地开始和延伸。第二种事物是从我那个看不见的自我开始的，将我呈现在一个确实没有尽头而只有理性可感受的世界里，我据此（同时与其他可见的世界）认识到的不是完全偶然的，而是普遍又必要的连接。前者让我看到无尽的世界，同时摧毁我作为天之骄子的重要性，将构成我的材料重新归还给地球（宇宙中的一个点而已），很快地（没人知道是怎么办到的）充满生命力。第二个事物恰恰相反，通过我的个性来提高我作为智者的价值，其中的道德法则则向我揭示一种不受动物性和整个感官世界限制的生活。

这段文字摘自《实践理性批判》中《结语》一章，用言简意赅的形式囊括了哲学家伊曼努尔·康德（1724—1804）对人类的遗愿。在康德逝世100周年时，这段话的第一句被刻在了国王山城堡的纪念碑上。1945年，这块纪念碑不翼而飞。1994年在加里宁格勒重新刻制了双语纪念碑。康德关于人类“价值”的哲学思想实际上成了1948年联合国编撰《普世人权宣言》的基础。该《宣言》在序言里写道：“对人类家庭所有成员的固有尊严及其平等的和不移的权利的承认，乃是世界自由、正义与和平的基础。”显而易见，长久以来，人权尚未在世界范围内实现，而且在东西方或者说欧洲和亚洲思想中从一开始就备受争议，并且欠缺补充。比如，女性权利、自然权利还有人类义务。特别是他的普世有效性仍然受争议。我们应该自我理解成个体，坚持自己的利益，还是将其看作一个整体，将个人附属于其下？有人说，功能主义和自然主义的人类图像让人类的价值和尊严更加受到威胁，但也有人说，它们最终被置于实际的基础之上。那么，适用于所有人的“内心的道德法则”到底是什么意思？它又是以什么为基础的？康德主张的人类自我理解作为联合国的全球共同生存法则的基础，真的可以在全世界范围内推行吗？

文字上要注意的是，康德并不是以旁观的、第三者的学者或者科学家的角度，而是以体验的、第一人称的角度来描写的。康德虽然是从关于“心灵”和“思考”的方面入手的，但是接下来他转换到个人经验和评价层面，甚至是情感的震动上。他谈论的不是普遍的星空和某条道德法则，而是“我头顶”的星空和“我内心”的道德法则。他从普遍转换到具体或者也可以说是从非个人主张转换到个人经验。这些都不仅仅是外在的、偶然的说话方式，而是建立在康德的认识论基础上的，即每种认识都是从感官经验开始的。他的“惊奇和敬畏”针对的不是“被黑暗遮掩，或者在地平线以外”的纯“揣测”的东西，而是来自个人经验的事物。这种个人经验人人共享。康德的“我”指的是我们人类。他以“我在外在感官世界所处的位置”和“不可见的自我，我的个性”开始，同时还要求所有人的赞同。每个人都应该可以分享康德的经验和他从中获得的观点。康德所思和所写都是个人的、激情的，同时却要求普遍的理性认同。

凭借康德对星空的惊奇，他所期待的可不仅仅是赞同，还必须讶异于无尽宇宙的空洞。因此摧毁“我作为天之骄子的重要性”这种想法就很好理解了。反而，他对道德法则的“敬畏”却不能顺利地得到认可，他所声称的对他自己和每个人“揭示一种不受动物性和整个感官世界限制的生活”也没有得到多少赞同。纯粹精神世界中的这种“不受动物性和整个感官世界限制的生活”不仅冒犯了形而上－怀疑哲学论，而且听起来更是让今天广为流传的功能主义和自然主义思想反感。我们作为人类，首先要有所作为，而作为生物，我们只需要跟随我们与生俱来的兴趣就可以，这些似乎对很多人来说是自然而然的。在康德自己的认识论批判哲学看来，“道德法则”和“精神自我”似乎也是站不住脚的。因为康德用在《实践理性批判》里就用刚刚的引文来要求形而上，即“感官世界另一面”的认识，他也在《纯粹理性批判》（1781）里进行了彻底的批判。根据他的学说，我们只能认识到在空间和时间里可体验到的东西。即使康德谨慎地用字遣词，比如他说“内心的道德法则”只有“理性可感觉到”，而不说唯有理性可认识到。康德自己造成的与他的认识论批判哲学的矛盾依然存在。康德整个关于道德能力和自主人类的哲学理论乍看都毫无站得住脚的理论基础。

实际上，康德是人类自主和自由的狂热捍卫者，也见证了它们在1789年的法国大革命中得以实现。从那个时候开始，对于人类自主性的想象就开始遭受批判，不仅是因为政治、社会或者经济因素，现在还尤其因为自然科学因素而遭受猛烈抨击。人类行为自由，有责任心，具备承担责任的能力，这些都超越了“动物”。可这一切似乎都是假象。英国著名哲学家约翰·格雷在他的《人类与其他动物》这本书中，用副标题宣称“告别人道主义”。在他看来，人类不同于基督教和其他各种人道主义宣称的那样，只是聪明而且掠夺成性，“正义的思维就像戴帽子一样永不过时”。他对人类看法的论证来自近代史的人类罪行以及达尔文主义学说和弗洛伊德的心理分析学说。至少看起来，格雷其实本可以引用新的大脑研究。例如《大脑与精神》就在封面图上标注了“对人类图像的攻击”，说的就是研究大脑的新实验。这个实验证实了，思想、意愿和行为都是神经性的、纯自动的过程，人类的自由并不牵涉其中。

通过“对人类图像的研究”，作为全球行为典范的联合国人道的人类图像就有了风险。1945 年，建立在刚刚结束的第二次世界大战的累累罪行基础之上，联合国成立了，其主要目标是，对抗新的独裁政权和战争。联合国教科文组织（United Nations Educational,Scientific and Cultural Organization）的主要思想强调“战争起源于人的思想，所以需要在人的思想中筑起保卫和平的屏障”，也就是说，“在人类精神与道德的统一体中”筑起屏障。但是，自主人类的人类图像并不是因为现在的大脑研究，而是早在联合国成立之时就备受争议。它被批评只是欧洲启蒙主义和基督教的产物，儒教和佛教将人类视作团体生物的观点尤其不受重视。联合国的普世人类图像被局限为片面的欧洲传统，以历史的胜利者姿态排挤掉其他的人类图像。此外，在西方思想传统中也有其他的观点，从古典诡辩学到霍布斯，再到达尔文，等等。在他们看来，人类是受到本能驱使的、自私的动物，在自然斗争中为了生存而自成一类。不管何种战争，都是绝对必需的；联合国教科文组织负责的人本“人类精神”也无法抵抗。

即使有这些“对人类图像的攻击”，即使康德怀疑自己的认识论，作为自主个人的我们人类，还是可以被拯救的。在康德的《纯粹理性批判》中，他虽然反驳了传统形而上的期望不能实现的说法，却认为人类的自主性理论上是可以证明的。恰恰相反，在《实践理性批判》中，他尝试重新证明人类的自主。如果区分理性的这两种形式，即理论上的理性和实际上的理性，就可以解释康德拒绝和重新接受形而上的矛盾了。那么，实际上的理性对我们人本的人类图像有什么贡献呢？康德作为物理学家，一方面坚信，我们完全受控于自然法则，另一方面又自认为可以用理性的论点来证明，我们原则上有能力根据道德准则自主展开新的行为链。康德认为，人属于“两个世界”，既属于“感官世界”，又属于“思维世界”。

现代哲学的自然主义和科学主义论点试图克服这样的人类图像。沃夫冈·代特尔定义自然主义为“一种观点，认为一切在精神和道德范畴都可以被描写并阐述的东西，最终都要借助语言、理论和自然科学方法加以描写和阐述”；和此相联系的经典就是“科学主义”，认为“一切要求学术地位的纪律都要借助自然科学方法”，尤其是“神经生物学”。代特尔认为，自然主义和科学主义“全球广泛传播”，其核心论点却是“根据现代研究状况所怀疑的”。

自然主义观点也反驳康德道德哲学的核心“定言命令”。康德用珠宝的形象来说明，最高道德原则的绝对普适性与用途无关：“就像珠宝一样，只会自己闪烁，它的价值全在自己身上。哪怕它没有用，哪怕它带不来收获成果，它的价值也不会增损一分一毫。这似乎只是为了让它在普通的流通中更好操作的说辞。”康德认为，虽然道德是有用的，但是主要还是有与用途无关的价值，因为它凸显“个人”的人类尊严。我们应该也能够不受“外在感官世界”规范和动机的限制来有道德地做事。

定言命令在它的第一个，并且最出名的版本中被视为普遍化公式（1）：“只依照那些你想让其成为普遍性法则的原则做事。”比如说，有人也许会在某些情况下，为了好目的而说谎，并且使之成为自己的原则或者主观规则，那他就应该审视一下自己的主观原则了，看一下他是否愿意让每个人都承认该原则为客观原则。有一个测验是这样的：“如果所有人都这样做会怎么样？”康德说，这样的话结果肯定是否定的。即使可以根据这一准则保护他人生活，谎言也不是可以普遍化的规则。没人会让每个人为了好目的而说谎，否则真相信条或者谎言禁令就会自相矛盾，进而失去作用：我们应该，同时也不应该说实话。如果每个人都必须被其他人以为，所说的或者所承诺的可能与所认为的和想做的恰恰相反，那人与人之间再也没有信任了。相互的、共同的行为所必需的信任关系将被摧毁。同时我们也辜负了人类的尊严和自尊——继续道德行为，借此脱离“动物性”。

康德的普遍化公式曾经，也在继续被猛烈批判为严酷或顽固，因为它并没有考虑到同等的信条或者义务的不可避免的价值冲突，比如真相和仁爱之间的矛盾。批评者认为，康德死板理解的道德哲学把残忍或毫无人性的行为合理化了，因此就和他强调的人类尊严相矛盾。事实上，例如被法国哲学家本杰明·康斯坦批评之后，康德在他的作品《论出自人类之爱而说谎的所谓法权》中再次强调绝对的谎言禁忌。他重新论述了自己个人的例子，是否可以欺骗迫害无辜者的杀人犯，比如骗他说被害者不在家，而实际上他还在被问者的房子里。康德直截了当地拒绝了“论出自人类之爱而说谎的所谓法权”。令人担忧的后果或者所期望的利益并非决定性的，同时也无法提前预测。礼节性谎言也会给想借此保护的人带来严重后果。如果杀人犯相信了被问者的谎言，然后去房子外面寻找被害者，被害者可能这个时候刚好逃到屋子外面，这样就落入了杀人犯的魔掌。所以说，礼节性的谎言其实是对此有责任的。相反，如果被问者说了实话，杀人犯在屋子里四处找被害者，那也无法排除他此时逃跑不被发现的可能性。

不管上面这个情况是说实话比较好还是说谎话更合适，康德的论据都是考虑可能性所必需的，考虑的结果中的权衡绝不能被承认。犹太女孩安妮·弗兰克一直藏身于阿姆斯特丹的一座房子里，多亏保护她的人的“谎言”，她幸运地存活了下来，直到被背叛，被盖世太保发现，再被送进集中营，最终被害。“仁爱”首先保护了安妮，而不是“真相之爱”，如果没有其他人的背叛，她甚至也许可以活下来。但这两种可能性，真相或者谎言，都没有确定的可能性好处。无论如何，出于爱而经过深思熟虑的礼节性谎言已经竭尽所能地帮助了安妮，而对真相的绝对的爱却必须无情地接受她很快被发现和被害的可能。

如果不看无解的可能概率，可以对康德严苛的定言命令进行彻底地反驳。主观的规范都必须以具体的情况为依据，这恰好就是康德没有考虑到的。这并不是说将说谎当作抽象的行为规范，而是在具体情况下将说谎当作规范去检验。如果有人将欺骗他人作为规范，来让自己获益，那就不能被当作规范普遍推广，否则，每个人都会为了一己私利而利用他人，再也不会互相信任。但是如果在紧急情况下欺骗无辜和需要帮助的人，有人把这个当作准则，那这样的准则就可以被当作规则而普遍推广。在这种情况下，其他康德式人的价值就得到了尊重，而不是为了自己的目的被滥用。因此，正如康德的翻译马库斯·乔治·辛格建议的那样，以康德的内心来提问：“每个人在这样的情况下都应该说谎，这件事能被作为普遍法则吗？”康德也会给出肯定的答案，只要他预设人类“价值”是所有准备的必要前提。使主观规范普遍化，这个要求作为隐性前提，需要客观规则作为前提，同时，务必要尊重与保护他人的价值。

普遍化公式（1）还不足以尊重和保护人的绝对价值，这一点在康德的自我目的公式（2）中这样表达（其他版本可能将此处忽略）：“不管是以你为个体，还是以其他人为某个个体，无论何时要把人同时作为目的，绝不能只是当作工具。”根据这个公式，主观准则只有在个体——而且是在具体情况下——不会被当作随便的、不合理的目的来利用，而是个体本身作为目的，或者是其人类的尊严受到重视，即受到保护时，才能够被普遍化。

但是，康德的公式（2）还需要在两个方面做进一步的解释。第一，康德提到了绝对值得重视的“人性”，借此要求行为不仅不能将其他人，也不能将自己工具化，例如出于贪钱而背叛无辜的被害人，从而得到报酬。这样的话就不仅是为了自己不合法的目的去利用他人，更是违背了自己的尊严，把自己作为达到不合法目的的帮凶或者工具，个人或者“人性”被贬为工具。第二，因为康德还附加说明了“同时”和“绝不能只是”，这允许我们必须互相视为“工具”

而加以利用。比如，在工作关系中，我们肯定是互相尊重对方的，或者说他已经把这个当作事实承认了。比如，在双方合理的利益基础上，我们可以在售货员和顾客的角色上将对方当作工具利用，只要我们双方互相尊重，而不仅仅是单方面的滥用。定言命令是我们意愿的表达，我们在一个充满人类尊严的社会生存，在这里，大家会考虑每个人的合法利益。定言命令不是利用这种社会的工具，而是以它自己为前提。这种合法利益在细节上的组成部分，康德并没有详细定义。举个例子，联合国声明的人权和德国基本法尝试着将康德的合乎人性尊严的利益用法律的方式来认定和加以保护，如最低生存所需、良知、宗教自由、自由发展个性、性自主认同、平等和财产权等。

即使这样，原则上可以捍卫两个公式的必要限制下的定言命令内容，使之不受误解，它普遍立论的问题仍然需要加以解释。康德自己激化了定言命令的立论问题，即它不能通过理论性的理性被证明，因为它不在空间时间经验范畴内，也不能从外在向我们预先确定。不管它是通过神论还是理性的形而上权威理论，又或者通过普遍的自然天性。这两种和人类的自主性相矛盾。康德自己看到，自主性的哲学陷入了怎样的论证困境："我们现在看到的只是哲学的棘手境地，这个境地应该保持稳固，不管这个境地是在天堂还是在人间挂在某处，或者被什么保护着。"

为了给定言命令的绝对适用性进行立论，康德从位于“天堂”和“人间”中间的一个调节位置入手，援引了“无法否认”的“理性事实”。定言命令既不能以源自经验的（“人间”），也不能以宗教的，又或者形而上的信条（“天堂”）来证明，而“只能靠理智来感觉”（参见上文引用）。我们可以这样反驳康德，即我们所有人能够实际感觉到道德信条的东西是非常有问题的。康德自己也在多处援引，引申而来“共同的人类理性”，并没有对定言命令进行明确的表达：“这里也许很容易说明，就好像手中拿着指南针，在所有出现的情况中都清楚知晓和区别，什么是好的，什么是不好的，什么是尽职，什么又是渎职，就像苏格拉底做的那样，只需要让人注意到个人的原则，而不需要教给他们新的知识。”回想柏拉图对话录中的《欧悌甫戎篇》，宙斯和其他荷马笔下的天神自身的不道德行为反被视为最高道德主管，因此被一致批判（参见第三章）。康德在《实践理性批判》的《方法论》中说，甚至一个“十岁的孩子”，只要让他看到“正派的人”不因为期望报酬或者害怕惩罚而诋毁无辜的人：“这样的话，我的小听众就会一步步地从单纯的赞同变为钦佩，从钦佩变为惊讶，最终成为最高的崇敬，并且迫切期望，自己也成为这样的人（即使不是在他的状态下）。”

但是，康德以所声称和所感觉的、不可否认的事实，真的成功使定言命令借助实践理性而伫立于天地之间了吗？用康德的专业用语来说，他是否将定言命令作为“先验组合性批判”，也就是把它作为先于所有以经验为经验的实践性形而上经验而进行证明？显然这一点很令人怀疑。康德对可以感觉到的道德感受的看法和经验主义者大卫·休谟的道德感相似，绝不是不可否认的普遍事实，不是每个人的理性都具备的，就像无数残暴的反例证实的那样。康德想证明的是他预先假定好的。他声称的综合定理实际上是分析定理，包含于目的——工具的顺序中：如果我们想在人类共同体中生活，那么作为信赖基础的定言命令是非常有必要的，并且已经存在于我们的意愿中了。

尽管如此，康德仍然赞同，在绝对的“应该”中，包含着分析性的人类自由的“能力”。因为一开始就无法满足的要求本身就是矛盾的。因此，它作为可能性的条件是以人类自由为前提的。简单用公式表达就是：你能，因为你本应该如此。但是康德在《道德形而上》的最后承认，他所声称的绝对道德信条和人类自由的可感觉到的事实对他来说最终都是无解的：“所以，我们虽然无法理解道德命令的实际绝对必要性，但是可以理解它的不可理解性，这就是一切，是可以对原则上让人类理性奋力追求的哲学提出合理要求的。”

我们可以接受这种“无法理解的”人类道德和自由的立论吗？如果把绝对的应该理解为比我们个人的绝对意愿弱的思想——就像康德自己暗示的：“这种应该其实是一种意

愿，如果理性被顺利地实践，那么它就适用于任何理性的存在。”——那么，这个问题的答案是可以。同时康德还循环论证：原则上，为了可以变为无条件道德，人必须已经是道德的。这个循环被恩斯特·图根德哈特在《伦理学讲座》(1993)中认定为不可避免的。相反，图根德哈特还认为，康德的“先验理性论证”是“试图世俗化宗教论证”。没有人可以被强迫转向道德立足点，如果没有预先回答某个问题：“提出‘我愿意归属于道德共同体吗’这个问题的人，也必须问自己‘我到底想成为谁？我生命中重要的是什么？我能否理解成为道德共同体这一点取决于什么？’”一点儿不被重视，以最微不足道的方式作为人被共同体互相承认的人，对名誉和诋毁也做出相应的回应，他既不能援引宗教或者形而上的权威论点，也不能借助普遍经验的天性来强迫他成为道德的人。与其如此，我们不如作为自主个体自己考虑决定，我们想如何根据自我形象和人生规划来回答上面提出的问题。图根德哈特明白，这种道德论证必然会让对绝对基础的期望落空：“但是不管我们期望什么，基础都是如此脆弱。”

图根德哈特在这方面和康德类似，他也必须承认定言命令最重论证的“不可理解性”。道德意愿是存在性号召，但不能被理论或者实际的理性所证明。我们只能建议可感觉到这一点的人：“我们只能对朋友说：接受或放弃。”对个人以及政治实际来说，即使有各种妨碍自己的经验，即使“内心的道德法则”的先验论证失败，个人决定接受道德这一点是必要的，也是实际的、可能的——这也是联合国自身职责所在。

即使以存在性号召来承认道德理论，还有一个问题要解决，那就是人是否能做想要做的。我们可以作为“感官世界”的生物来成为我们想要成为的吗，即绝对道德生物？我们可以将自己置于“动物性”之上吗？我们想要的道德能力——除了已知的外在阻碍或人类本能的意志薄弱性之外——现在主要因为两类抨击而受到质疑。抨击之一来自进化生物学，其认为人类是无法驯服的贪婪生物，就像格雷反对人本人类图像一样。另一种抨击以大脑研究的认识为依据，认为我们和机械作用的神经元没有什么不同。但是，这两种抨击被新的进化生物学和脑部生理学研究推翻了。

因此，弗兰斯·德瓦尔在他的畅销书《灵长类动物与哲学家进化如何造就道德》(2008)中，用很多实验展示给读者合作行为和移情作为生存斗争的优势，人类与黑猩猩、倭黑猩猩毫无二致，都是本能：“社会动物必须让自己的行为和处境相协调，集体应对危险，互相告知食物和水源在哪儿，帮助需要帮助者。”比如，德瓦尔就描述了一只“母类人猿将自己的身体作为桥梁，帮一只嗷嗷待哺的小类人猿从一棵树爬到了另一棵树”。这种进化发展而来的自然主义道德能力在动物身上是反射性的，发生在自己的群体中，而人类却可以额外通过身边的群体就会拥有这种能力。动物行为依据群体特有的道德，而人类，就像康德区分的那样则是出于普世道德。所以，虽然“内心的道德法则”是这种可能性的动物性遗产，却因为我们自己的意愿而超越所有“动物性”。

对康德人本人类图像的第二个抨击，是大脑研究造成的结果。这个抨击同时也反驳了联合国。根据这些研究，我们意愿决断和做决定的大脑过程是一样的。如果这是正确的，不仅是康德的实践自主哲学被推翻，我们日常行为和法律行为中预设的人类自主性也被否定了。自主性是幻想，可以慰藉我们必须要割舍的自我价值感。道德－法律信条和认可知识外在的刺激因素，决定我们的脑电波。这些信条和认可的发明者也同样靠脑电波或者基因决定的动力而确定自己的行为。最近几年热议的李贝特实验是否可以证明这一推测，还有待检验（参见第九章）。

康德的哲学刺痛了谁呢？康德坚信，认识论诉求的“损失”“触碰了学校的垄断地位，绝不是人类的利益”。在他的《纯粹理性批判》中，康德主要针对哲学“学派”的代表，但他的认知还涉及生活中的“人类利益”。这里可以举两个例子：

第一个例子是诗人海因里希·冯·克莱斯特（1777—

“有两种事物，我对它们思考得越是深沉和持久，它们在我心灵中唤起的惊奇和敬畏就会日新月异，不断增长，这就是我头顶的星空和内心的道德法则。两者都不容我用黑暗遮掩，或者在地平线以外过度狂热地追寻和妄加揣测。”

1811）的所谓“康德危机”。出身贵族和官僚之家的克莱斯特在世时一直在寻找适合自己的工作和个人生活方式。刚开始，他按照家庭传统，追求戎马生涯，但后来在奥德河畔法兰克福大学攻读了数学－哲学专业。他在和威尔海姆·冯·庆恩 1800 年订婚后终止了学业。为了可以担起家庭重任，他在未婚妻家庭的催促下接受了普鲁士经济部实习的职位。他在 1801 年 3 月 22 日给未婚妻的信中，说明了自己放弃学业的原因，说主要因为他对人类认识能力的普遍怀疑，还将他的怀疑归结到康德的《纯粹理性批判》上。克莱斯特认为，如果所有人都戴着“绿眼镜”，就永远不知道自己看到的东西真的是绿色的，还是透过眼镜才看起来是绿色的。这样，我们就永远认识不到真相或现实：“啊，威尔海姆！如果这个想法无法触动你的心，也不要取笑那些神圣内心受伤的人。我唯一，也是最高的目标已经堕落，已经没有任何目标了。……我确信追寻不到真相，这一点就出现在我的灵魂前，从此，我就再也不看书了。”没有比这个更震惊的证据能说明，哲学能够刺痛一个人的思想和感情到什么程度。尽管如此，克莱斯特还是误解了康德的认识批判，就好像现在“激进建构主义”（参见第十一章）的代表。根据康德的看法，我们的观点形式（空间和时间）还有我们的理解范畴（数量、质量、关系、形式）都没有伪造我们的认知，也没有让认知成为我们的纯粹主观建构而失去价值。更确切地说，它让客观的、确定的认识成为可能。除了我们以这种方式认识的经验现实外，没有其他的现实是我们无法认识的。相反，在康德看来，存在于我们空间 - 时间经验之外的上帝和自由，还有不朽等现实，却是我们不能认知的。

如果克莱斯特多了解康德一点儿，他也许会继续他的科学研究爱好，但是可能也必须放弃他可能存在的形而上的认知期望。克莱斯特是否真的像他写给未婚妻的信上所说的那样，是因为读了康德的作品才绝望，即使他继续在法国度假，他都无法克服危机？不久后，他解除了婚约，再次埋头于文学创作中。但他一开始只得到了一点儿他所期望的认可和经济上的保证。十年后，在 1811 年 11 月 21 日，他决定和患癌症的亨丽埃特 · 沃格尔一起自杀，他先射杀了她，然后结束了自己的生命。克莱斯特的跌宕起伏且戏剧般结束的人生让人推测，他的危机更像是由外在原因导致的心理原因，而不是康德的作品对他的哲学影响造成的。不过也许两者都有吧。

第二个例子是“老兰普”，他是康德多年的忠实随从。在海因里希 · 海涅（1797—1856）在巴黎给一本法国杂志所写的《论德国宗教和哲学的历史》（1834）中，他想象，如果“老兰普”听说，如他主人康德这样著名的哲学家怀疑上帝的存在，因为它的存在无法证明，那么像“老兰普”这样简单的人可能会陷入宗教危机，那该有多绝望。法国大革命

“只不过”让世间遭受血洗，康德却是“无情的哲学家”，给德国带来一场宗教的血流成河：“他猛攻天空，用刀子划过所有人，让世界的主宰者在他的血液里流动，此时他没有怜悯之心，没有父亲般的宽容，也没有给节制的来世嘉奖，灵魂的不朽一直陪到最后——它叹息，它呻吟——老兰普腋下夹着伞站在他身旁，脸上挂满了冷汗和泪水，像个闷闷不乐的观众。”在他作品的第二版（1852）的前言中，海涅和自己以前的信念和希望划清界限，认为“理性批判”不仅摧毁上帝存在的证据，而且“终结了上帝本身的存在”。他在《上帝大哉问》中表达了自己较早的批评态度，后来觉得是“未经深思熟虑而错误的”。他的精神转变了，正如海涅作为虔诚的犹太人描述的那样。因此，以前他形容“可怜”仆人的绝望和他“善良”的主人的同情时用的那种极度讽刺的语调，后来转变为“人道主义宽容”的语调。“此时康德心生怜悯，表现出他不仅是一位伟大的哲学家，还是一个善良的人。他深思熟虑后，和善和讽刺交加着说：‘这位老人需要一位上帝，否则这可怜的人不会幸福的——生而为人，理应幸福——实践理性就是这么说的——我不介意——这样实践理性就可以确保上帝的存在。’”康德在《实践理性批判》中提出了解决方法，上帝保证，我们今生得不到，但是可以在来世获得应有的幸福，不过要以灵魂的不朽和我们的自由为前提，否则来世对人类的赏罚将无法想象。被康德否定的理论理性证明（参见第六章）变为实践理性的“先决条件”，支持上帝的存在。

所以总结一下，康德的人本人类哲学在许多层面造成了痛苦。如果指望康德哲学可以证明“内心的道德信条”和个体的绝对价值，那我们肯定要失望了。恰好相反，康德抽走了我们可能都期望的可作为支柱的论据。我们既不能以经验也不能以形而上来证明人本人类图像。康德认为，不如说是取决于我们的“存在”的自由、个人决定，对“内心的道德法则”不断重新感受，不断感到与日俱增的“惊奇和敬畏”。就像康德自己说的那样，他的哲学尤其刺痛了教条形而上学者和经验主义学派，他们必须认识到自己的基本假设是没有根据的，见证自己被迫痛苦改变思想。在《纯粹理性批判》中，康德提出的证据和克里斯蒂安·沃尔夫与其支持者的“形而上教条主义”的主张不同，我们以空间－时间经验为基础的理性无法奢求认知“上帝，自由和不朽”。因此康德非常明确：“人类的理性如果单纯使用毫无成就，那就是耻辱。”可是，如果我们**想要**被理解为行为自由，不受此观点的感官世界约束的个体，那就意味着“自由的概念对所有经验主义者都是冲击的石头”，或者用今天的话来说，就是对所有自然主义者来说是这样。我们的举止虽然受自然法则的约束，但是我们的行为却以道德准则为导向。康德驳斥形而上的理性认知，他还论证我们由于实际意愿，相对于经验主义者和自然主义者更有能力自由及道德，意思是这抵御了空洞而混乱的臆想，同时也强化了每个人理性意愿中的自信。针对学院学派，康德在《纯粹理性批判》最后说："难道你们要求的是一种（正是！）和所有人有关的认知？这种认知已超越共同理智，你们只能从哲学家处发现。"

康德的哲学刺痛了哲学学派，他对自我思考和自由意志的苛求却对人类有益。无论如何，相比较舒适地遵从权威，追求自主的思想和意愿确实是一条艰辛的路（参见第十章）。

09

科学是一切的尺度吗？

马丁·海德格尔的“开花的树”

这两者都在草坪上，即，草坪上有一个人，还有一棵树。这个人拥有独立且普遍的特征，“也许明天就离开这个世界，也许在这之前走向我们”。这棵树也有一些可感知的特性，比如它开花，闪耀光芒，散发芬芳。

的确，我们站在草坪上，面前是一棵开花的树，闪耀着光芒，散发着芬芳，此时，我们的大脑掠过很多东西，比如感受到这棵树的存在。今天，大脑中的东西甚至可以被视为脑电波，通过相应的仪器的转换和强化，变得可被感知，脑内进程也可以被描绘成曲线显示出来。这些都可以办到——的确！今天没有什么是人类办不到的。人类甚至可以利用这种能力提供部分帮助。他以最佳意图到处帮助别人。也许还没有人可以预料，人类可以做到科学能做到的一切。但是，只限于在我们这样的情况下，科学方式记录下了脑电波。那棵开花的树在哪儿？草坪在哪儿？人在哪儿？不是大脑，而是人，他也许明天就离开这个世界，也许在这之前走向我们？想象在哪儿？人面对树的想象又去哪儿了？

也许现在提到的想象，被描绘成为意识领域，也被视为精神之类的东西，其实是自身的想象。但是这棵树“在意识里”吗？或者在草坪上？草坪是精神中的经历还是蔓延在地面？是我们大脑中的地面吗？还是我们自己站在地上？

也许有人要反驳：为何要对一个事实提这些问题？每个人都恰巧能承认这些，因为这再清楚不过了，我们本身就在地球上，以所选的例子来说，站在一棵树对面。但是我们不要着急这么做，不要轻易接受这样的“一清二楚”。因为一旦物理学、生物学和心理学，连同科学哲学竭力用它们的证据和论点来解释，我们其实感知不到树，事实上只是空虚，微弱的电荷稀松地散布其间，高速疾驰往复，那么不经意间我们就放弃了一切。我们只接受未经科学监测的那些时刻是不够的，我们当然是面对一棵开花的树站着，以便下一个时刻同样理所当然地确认那肯定是个幼稚的看法，因为那是科技时代前对事物的看法。有了这样的保证，我们就有权利做点儿什么了，上面所说的科学其实决定了开花的树的真实性是有一些的，但我们却几乎没有注意到它的影响范围。科学的起源是哪里？这一点还没有被科学自己发现，那么科学从哪里得到这种判断的权利呢？“科学从哪里得到权利，可以决定人类的位置，并且将科学定位为这种决定的尺度？”

马丁·海德格尔（1889—1976）是最受争议的思想家，不仅是因为他独特的说话方式和神秘的存在哲学，还因为

《黑色笔记本》(2014)公开披露了他拥护纳粹主义和激烈的反犹太人言论的观点。然而早期海德格尔在《存在与时间》(1927)中的现象学哲学思想，是反驳今天科学影响深远的垄断诉求的根本考量，这在目前的争议中就很值得说道了。

在他的作品《什么被称为思考?》(1951/1952)中，海德格尔在60多年前就提出这样一个原则性问题，而我们直到今天才明白了它的“影响范围”。他这样问道，科学——“物理学、生物学和心理学”，真的是一切的尺度吗?正如科学越来越主张这一点，我们也越来越接受这一点。科学是否可以一言以蔽之地决定，什么是“真实”?就生活世界或者我们日常心理学来看，这方面似乎不应该有什么问题，一切都“一清二楚”。海德格尔批判的垄断诠释，至少看起来可以轻松应对这个问题。对现实的诠释不止一个，而是两个：生活世界的，还有科学的。海德格尔以可以感知草坪上开花的树的人的主客关系为例，来诠释这两种可能性。

在最初的诠释方式后，一方面存在可以感知事物的人这个主体，另一方面存在被感知的客体。这两者都在草坪上，即，草坪上有一个人，还有一棵树。这个人拥有独立且普遍的特征，“也许明天就离开这个世界，也许在这之前走向我们”。这棵树也有一些可感知的特性，比如它开花，闪耀光芒，散发芬芳。除此之外，其他感知到、感觉到或者想到的，每个人都不一样，比如，“我现在想和朋友们躺在这棵树下；我想给这棵树拍照；这棵树是做木工的好材料；为了街道改直这棵树不能留着”；等等。

科学从自己的观点出发解释了这种主客关系：对物理学家来说，这棵树可以当作摸得着的坚固材料，可事实上却“只是空虚，微弱的电荷稀松地散布其间”，也就是说，对我们而言坚固的材料在周围（相对的）的空虚中，只是分子和原子的聚合，还会继续被分解，成为可测量的“电荷”；对心理学来说，开花的树是“心灵的体验”，是对过去的时光美好或忧伤的回忆，可以被分门别类；而生理学或者在海德格尔时代还没有专门名称的神经科学家，将面对树的体验缩减为可测量的“脑中进程的脑电波”，由外界刺激引发；最后是“科学哲学”，就像海德格尔讽刺实证主义，或是像今天所说的那样，反驳科学主义和自然主义，赞同个别学科的主张，整体和仅由材料或电荷构成的精神现实。这意味着，在现实当中人类自身也是由可测量的“脑部电流”组成。人、开花的树……现实整个都是由无尽的原子旋涡组成的，古典原子理论（参见第四章）就是这样的观点。又或者是由无尽的脑电波组成的，这是现代神经科学的理论。其他的，凡是在人的生活世界，在感知开花的树或者人的时候可以感受或想到的，是纯粹浪漫和纯粹主观的。

这两种诠释可能性看起来可以共存。一个用科学角度来看待现实，另一个从我们生活世界经验的角度来看。一切都看起来“一清二楚”。但是海德格尔在六十年前已经看到这种发展趋势，不仅科学家，而且外行人也倾向于现实的垄断诠释。他批评，我们“只接受未经科学监测的那些时刻是不够的，我们当然是面对一棵开花的树站着，以便下一个时刻同样理所当然地确认那肯定是个幼稚的看法，因为标明了那是科技时代前对事物的看法”（参见前文引段）。为什么并存观点不能满足海德格尔？特别是垄断的观点，就像他认为要加以观察的，在生活世界中也被秘密地接受。

首先要确认的是，海德格尔反驳垄断诉求，但并没有反对片面认知诉求和借助科学应用带来的科学的可能用途：“今天没有什么是人类办不到的。人类甚至可以利用这种能力提供部分帮助。他以最佳意图到处帮助别人。”（参见前文引段）海德格尔根据事实指出当时才刚发明、今天已经进一步发展的脑电图（EEG）：“今天，大脑中的东西甚至可以被视为脑电波，通过相应的仪器的转换和强化，变得可被感知，脑内进程也可以被描绘成曲线显示出来。”因此，在脑电图的帮助下，现代神经学可以随时对脑电波的病理或未曾预料到的异常，以神经外科治疗，或者在量刑和教育的时候加以考虑。虽然时至今日，并不是所有脑部区域都对我们行为可能产生的影响都被研究过了，但是海德格尔这个“科学可记录的脑电波”例子无法否认科学知识的用处，也不能否定操作手段的危险。

我们还要继续澄清，海德格尔并不反对科学技术应用于大自然。但是他也指出，比如木匠在使用机器的时候还是要参考“和木头的关联”。这意思显然是，对木头的机械加工也要注意木头的特点，比如不同的坚固性、纹理和绝热性能。不同的木头适用于不同的使用目的。柚木和桃花心木适合做高档家具，不适合拿来做船板。同样，开花的树和我们面前或者和我们在一起的作为个体的人可以拿来作为量性分析的特定目标。二者都可能会生病，就其故障进行科学分析和治疗，但是根据海德格尔的观点，他认为应该注意它们可感受的特性。所以，海德格尔对科学的垄断诠释的批评不能和拒绝科学混淆。根据海德格尔的说法，他绝不愿意声称“我们星球的状态在可预见的时间中存在，或者完全变为再次回到田园风光中”。我们生活的世界不能被当作被科学技术打上烙印的世界前的另一种概念。我们可不是生活在前科学世界的“田园生活”中。

根据海德格尔的观点，唯科学主义的垄断诠释的影响范围并不是主要在——虽然这非常值得批判——科技的运用，而是在于我们在生活世界日渐屈服于唯科学主义的影响，就像他以为可以观察到的那样。“科学说！”对我们来说，越来越多的生活领域变成权威公式，经常是在伪科学和秘传学说的掩护下进行（布斯曼，2014）。比如说，暂时估计还相对无害的发展源于美国的量化自我运动。其参与者追求的目标是将自己的行为——首先只是日常生活中的——尽可能地借助秤、计步器、血压仪、睡眠感应器还有大脑扫描仪来完美地控制和优化。同时也不能忽略其危险，即本来是自愿片面自我控制可能会变为出于劳动力经济考虑而强制进行的外力控制。“自我测量”被视为专门的测量工具，有可能会取代“认识自己”，来当作反思的个体准则。自主个体的人类将变为可量化的客体。人本人类图像再也不适用了。

今天，废除人本人类图像被一些神经科学的代表人士解释为科学的必要性。沃尔夫·辛格在他的文章《连接确定我们：我们应该停止讨论自由》中宣称，人类的自由意志是科学拆穿的“幻想”。不仅在科学领域，还有在各种流行科学杂志和节目的公开讨论中，所谓的李贝特实验也被当作所谓的表面证据。正如生理学家本杰明·李贝特（1916—2007）记述他 20 世纪 90 年代的系列实验所说的那样，他想要澄清下面的问题：“有意识的意志先于脑部活动还是跟随其后？”根据对许多被试者脑电波的测量，他们要求受测者做的行为，即在自己选的某个时刻按下杠杆，在他们有意识地想要按下杠杆之前就先以脉冲（“准备潜力”）确认。尽管如此，受测者可以自己改主意，比如说要不要停止脉冲或者跟随着脉冲，这段时间是可以测量的。对李贝特来说，实验的结果回答了他的问题：“我们可以这么理解这种意识行为，即它以从大脑‘喷涌’的无意识主动行为开始。接下来，有意识行为是主动行为遇到的并决定，哪些应该在行为上表现出来，哪些应该被抑制或者中断而不会产生制动行为。”李贝特因此得出结论，人类的意愿并不是绝对的而是有条件的自由，有最后的决定是否反对的自由。

根据亚里士多德的上帝思想，哲学传统把人类意愿理解为“不可撼动的行动者”，完全不依赖于大自然法则，可以自主行动。这种想法肯定从李贝特实验中学到不少。尽管这个实验限制了人类意愿，却并没有否定它。相反，根据李贝特对实验可确认的否定的解释，意愿和行为自由甚至获得有条件的意愿的进一步肯定，这是我们在生活世界所体验到的。另一方面，也有反驳李贝特的否定自由的声音，认为所谓的自由否定是由先行的脑电波决定的。自由意愿的代表人物反驳，李贝特的实验涉及非常受限和事先加以控制的决定过程，而和我们在生活世界中有关系的确是复杂的决定过程，必须互相权衡论据，而且还涉及情绪、习惯或者其他影响。

科学家尝试着在所处世界的世界观攻击者和守护者之间的争执中“全力用证据和证明”（海德格尔，参见选段）来让事情发展有利于自己。自然科学家无视李贝特实验作为反对自由意愿的根本论据，认为我们作为自然生物，毫无例外是受物理法则控制的。还有来自物理学家和哲学家布里吉特·法肯堡的反对声音，她认为，完美的物理控制的前提不能用实证证明，那只是形而上的结构。所假设的因果律其实

唯科学主义的垄断诠释的影响范围并不是主要在——非常值得批判——科技的运用，而是在于我们在生活世界日渐屈服于唯科学主义的影响，就像他以为可以观察到的那样。越来越多的生活领域变成权威公式，经常是在伪科学和秘传学说的掩护下进行。

并不是事实主张，而是康德方法论理解的程序规则，“物理、化学和生物按照这个规则运行，以拓展他们的自然认知”。自然的发生过程完全符合因果律的想象，这点已经被休谟的经验主义所反驳。我们还可以确认的事情发生顺序，它们有规律地先后接连发生，只可以被称作“后此”，不能被称为“因此”。也就是说，事情的前后发生并不是因果的“所以”，而只是时间上的“之后”。

因此，科学主义对人类的诠释垄断援引自然科学最开始就是根据不可靠的形而上前提。法肯堡认为，物理世界假设的绝对决定主义和古典深化决定论相似：“神灵失去诠释权威的桂冠，世界也被全面的因果解释揭开神秘面纱，现在我们的自我图像被神经生物学扼住脖子，直到我们不再给自己留下任何余地，除了功能卓越而繁复的机器——就好像我们的科学技术生活的机器不是我们想出来的似的。”紧随其后的是相容论者和不相容论者的争论，心智的意愿自由是否能和被广泛接受的人类物理决定论统一，统一到何种程度。这个争论来源于站不住脚的前提，所以也被视作无意义的原则争论。

这个争论同样也符合自然科学家格哈德·罗特的相容论主张。相对于他受媒体关注的看法，罗特并不想用简化论把人解释为“神经生物人”，但是他还是坚持形而上的因果论。所以，对他来说，神经生物学证实的人类天性对人的意愿、思想和行为起着决定性的作用:“我们不能靠一己之力来改变我们的个性结构，但我们可以寻找最合适这种结构的社会关系。人的自主性就在于此。”(罗特，2003)合适的社会关系包括考虑到可证实的“储存和唤起社会规则”的带有神经生物学缺陷的司法的观点，在量刑的时候可以减轻刑罚(辛格，2004)。

最早的时候，“自由意志论者”和科学主义观点泾渭分明，他们由生活世界奠定的前提出发，认为我们享有意愿自由。不是我们，而是神经科学家应该举出经试验支持的相反论据，直到现在都没有成功。自由意志论对自由的看法不是关于“哲学性主义”，而是“涉及健全人类心智的普遍观点，只要我们没有被相容论哲学误导，那就所有人共享”，就像哲学家格尔特·凯尔主张的那样。然后，他也承认，“健全的人类心智”不一定是可以判断类似意愿自由这样的原则性问题的可靠基础。即便如此，我们仍然可以先以此为基础——直到反证出现。

就像自由意志论的代表对自由的看法一样，海德格尔也从先于科学主义的人类的自我理解入手。尽管如此，他引用的不是健全人类心智，而是根本的现象学思想，只有这种思想可以符合人类面对自己和面对世界的关系。在前面的引文中他也提出，科学相反必须“不知道它本质起源”。正如他在文章开头声称的一样，其原因是:“科学不思考。”海德格尔自己承认，这句话听起来“让人反感”，他继续说，我们必须“忍受思想的令人反感和怪异”。他认为，科学不思考，不仅是这个主张，还有他说的思考本身在它看来“让人反感”。那么对他来说，思考究竟是什么？

首先要确定的是，海德格尔并不否认科学会思考，就像我们知道的一样，用演绎或者归纳法的科学思考。从这个意义上看，科学甚至“始终以自己独特的方式和思考有关”。他也没有批评科学不促进科学哲学发展，不反思科学方式和其伦理学结果。海德格尔宁愿用“让人反感”的句子来挑衅那时的全部哲学，认为哲学并没有一直追问“思考是什么”这个问题。如果我们想到笛卡尔方法论的前言“健全心智”(bon sense) 是“世界上分配最平均的事物”，他还用他那句“让人反感”的句子挑衅我们日常生活的自我理解。笛卡尔说，每个人都可以思考，每个人都必须遵循一定的方法规则（参见第六章）。

到目前为止，对科学、哲学以及我们日常生活的自我理解而言，海德格尔的主张不仅在内容上，而且在进行方式上也是非常“让人反感”。首先，他援引“思考”（denken）的原始词义，词源学上来自“感谢”（danken）。从语言学角度来看，词源学是正确的，但海德格尔把它用在其他地方，批评它为“肆无忌惮的词汇神秘学”。他继续对此进行了阐述，“思考”的词源学根源是“感谢”，“感谢”在内容上包含“考虑”的意思，这在它的“存在”上就意味着“持续而集中的停留”。显然，他想借此表达，思考意味着停留在“开花的树”上，就好像树在我们面前伫立着一样。他没有以科学的方式完全包含进理性，也就是计划着（拉丁语 ratio，账单）或者量化的思考当中。每个人以自己的方式接受面前开花的树，从一开始就通过科学被迫接受无差别而量化的范畴。这棵树可以感受的特性和它对作为可感知的人类的影响得到纯粹量化的解释，而不是质性的理解。笛卡尔的“这块蜡”也有类似的看法（参见第六章），相似的说法还有，人不以自己可意识到的特性，而是以可测量的量来“思考”。

只要我们可以以现象本身的存在辨认出它，不必被迫在某个范围内被量化限制，那海德格尔的词源学引导和他对思想和感谢的相关阐述，就都可以很好地理解了。尽管如此，我们还是要怀疑地看待海德格尔之后还是用词源学引导的问题：“我们的称谓，同时命令我们去思考的，是什么？”这里指的是类似面对超主体，“大自然”或者包含我们并且值得我们感恩甚至唯命是从的存在的广泛现实吗？很显然，海德格尔指的不是这种可疑的、拟人化的大自然或者现实。实际上，他的意思是更可疑的模糊“指令”，“要求”或者“指令”我们跟随它。好像学生被老师用老旧的词义“指令”写作业一样，这个“指令”“命令”我们思考着感谢它。我们感谢的主体等同于一股神秘的命运之力，自相矛盾地实现人类自由："指令让我们的本质自由。"这就像上帝给予人类自由一样，如果人类追随他的话。在海德格尔看来，如果我们虔诚地待在上帝身边，"指令"实现我们的自由思考。感谢谁，为什么感谢，如何感谢，每个人都可以自由诠释。这样的感恩追随"哲学"会被政治滥用，正如海德格尔自己就是追随纳粹主义的信徒，也因此断送了他自己"存在"哲学的建议。

不仅是词源学的专断和模糊，还有海德格尔非理性的政治追随态度，都可以轻易地阻碍他人继续进行他反驳科学主义的哲学论证。但在他的主要作品《存在与时间》中，他的早期哲学还是值得一读的，以便理解他后来在 1951/1952 年的报告中"让人反感"的语句，也便于尽可能准确地对其进行批判。在他后来"回归"到"存在"，主张我们感谢令人反感的指令哲学之前——指令哲学在政治上也非常令人反感——早期的海德格尔在《存在与时间》中阐释了一种思考方式，可以从根本上克服今天影响范围愈加明显的科学主义思考的诠释垄断。海德格尔的思考方式包含感谢的"待在""开花的树"和"也许明天就离开这个世界，也许在这之前走向我们"的人旁边。在前面的引文中，海德格尔用非常隐蔽的提示来暗示，和我们有关系的人和世界的时间性。因为科学诉求永远真实的、具有可量化的数学形式的语言，并不关注或感受无尽的、具体的、提出这些语言的人类。所以科学仍然“不知道它本质起源”(参见引文)。

科学起源自“存在”或人的“存在”,这一点海德格尔在《存在与时间》中的现象学存在主义分析中阐述了。海德格尔在这里提出“对‘存在’意义的质问”或者存在的事物是什么意思。他在书的标题中就表达了存在与时间之间的主要关系。海德格尔从人类“存在”的分析入手掌握了其意义,人类存在是所有存在的事物中唯一拥有“存在理解”的。他在分析中运用——和他的老师埃德蒙德·胡塞尔一样——现象学方法,以“自身显现者”(希腊语phainómenon),这早于任何理论性,特别是科学性解释。尽管如此,有所指的“显现者”并不是立即可见的,而是必须先经过现象学分析才能被发现。现象学将某物描绘成某物,和这个“事物本身”没有直接关系,而是与语言——概念上相关。并不是现象本身和我们对话,“叫”我们去思考,而是我们自己讨论这些现象,然后提出认识事实的诉求。但是,如果用概念和论证来提出普遍认可的诉求,必须有理有据地清楚说明,才可以实现批判性的检测。相反,海德格尔用他现象学方法找到并展示接近现象的直接入口,这个入口可以自己阐述,不能也没必要被继续论证。

除了他对现象学直接的根本诉求外,海德格尔对内容性发现的某些诠释也是可圈可点的。尽管如此,这些诠释并不能清楚地让人认识到,是否像他声称的那样,他的一些听起来陈腐的现象学分析符合我们存在的典型特征。海德格尔的存在分析得出的第一条结果就听起来很陈腐："存在的事物，以分析为任务，就是我们自己。存在的事物的存在就是我的存在。"可以反驳："存在的事物的存在当然是我的存在，不然呢？"但是海德格尔的判断绝不是陈腐的，他指出的其实是一种现象，即我们用"人称代词"指代"我是""你是"，还把自己理解为不同于其他事物的个人。作为个人，我们不让自己依据固定的特性分类或者算计，而是将我们"向来我属"的存在于我们的存在中实现。我们不是普遍性的，特别对海德格尔来说：没有脱离时间、永恒的理性主体，而且区别于非理性客体，即笛卡尔对"思执与世界"的区分。因此，我们也不是由可计算的"脑电波"组成的，不能用永远有效的语言表达。其实，我们作为人，凭借我们的"存在"，处在和世界 (a)，和其他人 (b)，还有我们自己 (c) 的关系中。海德格尔对这三种层面关系的分析是他对科学诠释垄断的批评的基础，指出科学通往现实的入口是以何种生活世界的入口为基础的。

· 我们与世界的关系（a）不是割裂开主客体对立，而应理解为"存在于世界中"。我们总是参见现有的事物，它们对我们来说是手边之物。也就是说，它没有和我们割裂开，而是我们打交道的事物，这样我们就可以信手拈来了。举个例子，如果我们把锤子单纯作为我们面前的客体来看并且用相应的句子描述如何使用它，我们还是不知道锤子是什么。只有它不在手边了，并且我们需要它的时候，我们才把它视作客体，把它重新放在面前——也许修理它——以便我们再次使用它。我们生活的世界通往运用知识制造东西的现实的入口，也适用于自然事物的运用知识上。海德格尔的“开花的树”并不是与我们手边分离的客体无关，而是在我们“存在于世界中”的“闪耀着光芒，散发着芬芳”。它以“自身显示”作为我们生活世界的现象，而不是我们的意识或者大脑的产物，同样不是与我们分离的、科学可描绘的产物。

· 我们和其他人的关系（b）的存在意味着和他人的“共在”。a 和 b 这两种关系互相关联：“对‘存在于世界中’的解释说明，并不是先‘有’，也不是‘未曾有’来作为脱离世界的主体。所以，最后也不太可能先有一个隔离的我而没有其他人”。这就是说，“举个例子，我们沿着田野外面走，证明它是田野，并且是有主的，拥有者还精心维护这块田野，用的书是在……买的……送的什么之类的”。“共在”是我们共同工作和生产关系的已知事实，听起来可能很陈腐，但海德格尔却把它描绘成我们生存的根本现象。和其他人一起存在于这个世界，证明了与我们有关系的存在者和其他人的生命是不可分割地联系在一起的。即使我们像孤独症患者或者隐居者似的生活，我们仍然需要世界和其他人才能活下去。在我们的思维和感知中，我们已经互相联系在一起了。

在我们的生活世界中，我们既不和客体分离，也不和主体分离。

·我们和世界还有和其他人的这两种关系，是通过我们和我们自己的时间性关系（c），也可以说是暂时的生物关系确定的。海德格尔分析，通常，我们活着却没有意识到我们的暂时性，而是像“众生”一样活着：“日常生活中，彼此的公众‘知道’死亡是不断出现的，即‘死亡灾祸’。身边的谁或者远一点儿的谁‘死了’。每天甚至每个小时都有我们不认识的人死去。……公众的存在解释说‘有人死了’，因为每个其他人和自己都可以安慰自己：刚好不是我。”正如海德格尔联系齐克果的存在哲学，当我们将我们的存在理解为时间性或者说是暂时性的存在，那我们就基本是理解自己了。尽管如此，他并未从中得出生活实际的结果，因为人类的实际并没有引起他的兴趣。他关注的主要是人类存在的普遍结构或“存在性”。因此，他的非伦理学和非政治学思想从一开始就容易被当作意识形态上的诠释。

这三种关系 a、b、c 的确定对克服科学主义知识的垄断有什么收获呢？正如海德格尔现象学存在分析说明的那样，我们作为暂时性的存在，和其他同样暂时性的存在还有其他人生活在这个世界上。相反，如果三者，即我们自己、事物和其他人，只有可量化的存在而没有时间性的限制，那么这三者加在一起也不过是功能性整体下的功能性亚系统。这个子系统都是从外界观点来进行的科学描述，被有效控制。科学性分析的结果应该是“正确的”命题，和事实“一致”。与此相反，存在系统的结果却是，我们不是生活在主客体分离中而是在和事实联系之中。某事物或者某人是什么，由我们在世界上的相处之道推断。同样，真相也不是事后才和与我们分离的世界协调一致的，而是发现我们和世界的关系。我们在和万事万物打交道过程中凭借的依据，是我们从自己角度出发连接其他人的存在，只要它是真的，也就是说“未隐藏的”（希腊语 a-lethés，未隐藏的，真实的）。为了说明他超乎寻常的真实定义，海德格尔举了墙上歪了的画为例：“让一个背对墙壁的人说真实的话：‘墙上的画挂歪了。’……如果说话者连画都没看到，只是想象，那他是凭借什么做出判断的呢？……任何加入其他东西的阐释，在想象的说法中只是伪造了被陈述的现象事实。陈述是存在事物本身的存在。通过感知传达的是什么呢？陈述指的是存在事物本身。所证实的是陈述的存在，对被陈述的事物来说，指明了是存在事物是存在的，并且发现了存在者。”

海德格尔并没有深入说明如何实现“证明”，但是从他对应用知识的分析可以得知：如果墙上的画被当作一幅画去触摸，用眼睛目测或者用水平仪矫正整齐，那么我们的陈述就证实是真的（经验实践），如果法律找出普遍认定，并且展示所期望的效果，那么相关的陈述也同样证实是真的（社会实践）。关于“脑电波”或者“电荷”的说法也同样不取决于人类实践或存在，而是在一系列测试中被试验（实验实践）。开花的树或者其他人到底是什么，我们无法由科学的外界观点在事后通过测量、数字和称重等方法来认知，而只能靠我们和它们打交道，尝试去理解它们。它们的真实与人类的存在有关：“只有存在在世，才‘有’真相。”

这个对真相的理解涉及两个难题：第一，海德格尔必须着手相对主义的问题；第二是“永恒真相”问题。尝试着借助“牛顿定律”，他一起解决了两个问题。第一个问题的发现并不意味着，被发现者的有效性取决于发现者。“墙上歪了的画”已经是挂歪的了，这和发现这一点的人无关，然后被当作现象被发现了。牛顿定律也是这样，“矛盾的命题，根本的真相”，说明“正是身为在此之前已存在的事物”。根据这种理论，海德格尔认为，真相摆脱“‘主观’，并且将发现的存在呈现在存在事物之前”。同样，自然法则的“永恒真相”“牛顿定律”，或者是逻辑、“矛盾的命题”，只有在作为“永恒存在而且继续存在”时才是“永恒”的。海德格尔认为，存在的永恒没有证据支持，“永恒定律”的主张只是“美好的主张”。这并不是说，牛顿的定律只是相对地或者万能地适用。他的有效性其实是靠暂时性的存在而推论出来或者被发现的。

海德格尔把真相反向连接到人类的存在有什么收获呢？

看起来似乎是古老的本体论和认识论的争论，这个从柏拉图洞穴比喻就开始被研究的哲学（参见第三章），只是单纯学院内部的争论，并不涉及我们生活的世界。因为不管是哲学还是科学，还有专门的“科学哲学”，被视为真实，对我们来说，在我们的生活世界都是“一清二楚”的，就像海德格尔断言的那样：开花的树就是开花的树，我们自己和其他人是活着的，但终有一死的人。我们天真地活在我们所谓的科学自由的生活世界和所谓的无生活世界的科学世界中。自从海德格尔《存在与时间》（1927）书中的分析，还有他的报告（1951/1952）中对科学主义诠释垄断的批评，对现实的诠释诉求的争论就早已越过了学院内部的界限，成为每个人生活世界中的真实问题。理论上，虽然我们依旧对“开花的树”和我们作为“人”到底是什么这些问题挺无所谓的，可是海德格尔在他的报告中认为，实际上科学的世界观的垄断地位在我们生活世界中越发被认可，对我们和世界，和其他人还有和我们自己打交道的量化过程都留下了可感知的实际结果。海德格尔的分析反而使第一人称观点优先于第三人称观点，并且做了令人信服的论证。如果不把真相和存在反向连接，那我们自己和现象就与可操纵且有经济价值的量体没什么区别了，我们没有了自己的特点或“感质”。用康德的话说，一切都是手段，没有了自身目的（参见第八章）。我们的思想和生活与我们自己没有了可识别的关系。

海德格尔凭借他对在与人类和世界的时间性和暂时性无关系条件下的思考和生活的批判，用《存在与时间》中的哲学刺痛了当代精神的科学主义思维。后期的海德格尔是不批判的、不挑衅政治的存在 - 思考观点，2014 年起，《黑色笔记本》中清楚记录的日记出版，刺痛了以启蒙为己任的思想。“普通”的人类心智就算没有海德格尔的存在分析也可以欣赏开花的树和终有一死的人，也可以摆脱量化思想的绝对权力。尽管如此，海德格尔的思想对哲学“学院派”，就好像康德区别的那样（参见第八章），还有对占主导地位的当代精神都是不能放弃和缺少的挑衅，即使有所保留，也可以丰富拓展其论证，也是对“一般”或者生活世界的“人类心智”的强化。在现实的观点看来，早期海德格尔在《存在与时间》中论述的现象学的世界入口，可以支持当前持续和大自然打交道的趋势，支持无风险的科技，还支持放慢的生活方式，而且为质性研究方式提供论证支持。

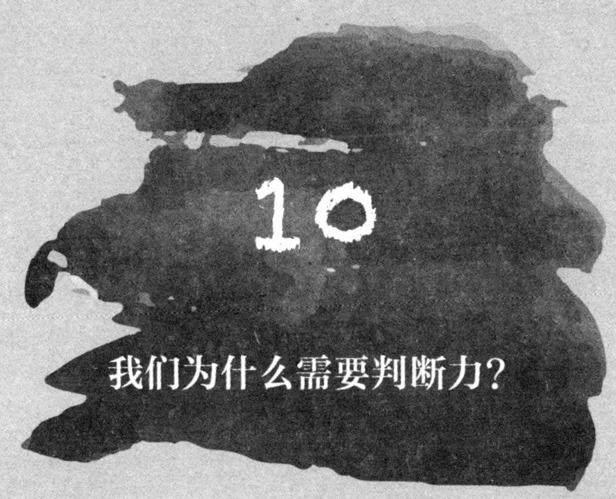

10 我们为什么需要判断力？

汉娜·阿伦特的“无所依靠的思维”

阿伦特坚定地研究判断力和无所依靠的思维，打击了那种习惯依附于固定规则或者思维套路的思想。自古典启蒙以来，再经过苏格拉底时代，思考从未趋向稳定，而是造成了概念和道德的不稳定。

我们由此来到另一个原则性问题，这是在战后审判，当然也在艾希曼审判中都触及的问题，也是值得争论一番的问题，它涉及人类判断力的本质和作用。我们在这些审判中要求人类除了自己的判断力以外，确实无所指望，但是仍然有能力去辨别正误，而且自己的判断在这种情况下必须全力抵抗周围的一致看法。如果我们知道，少数不够坚信自己的判断的人，绝不等同于那些仍然受到陈旧道德条条框框约束的人，或是受教会思想引导的人，那这个问题就愈加严肃了。因为整个主流社会都以各种方式沦为希特勒的牺牲品，塑造社会的道德准则，凝聚团体的宗教信条同时都消失了。那些判断的人，自由地判断；他们不遵循任何将个别情况归入其下的规则，而是决定个别情况可以给自己提供什么，就好像对他们来说，没有普遍规则一样。

您（采访者，编者注）提到了无底的思考。我有个比喻，没有那么残忍，我一直自己保留，从未公开过。

> 我把它称为“无所依靠的思维”，德语是“Denken ohne Geländer”。当您上下楼的时候，您总是可以抓紧扶手以防摔倒。可是现在，我们没有了扶手。我就是这样理解的。“无所依靠的思维”正是我尝试去做的。

汉娜·阿伦特（1906—1975）是一位哲学家，有人这么说她：“专挑痛处去思考。”（威贝尔，2013）她致力于研究自由与正义，是少数几个在男性主导的哲学世界中（哈根克鲁勃，1998）获得世界范围认可的女性。汉娜·阿伦特学习哲学、希腊语和神学，跟随存在主义哲学家卡尔·雅斯贝尔斯攻读博士学位，因犹太人身份被盖世太保拘捕，1933 年移民美国，从事记者职业，在普林斯顿大学、加利福尼亚大学和纽约社会研究学院执教。当时，很多声望很高的德国知识分子成了纳粹主义的拥护者，这深刻地影响了她的思想。这其中就有和她关系甚好的马丁·海德格尔。在海德格尔加入纳粹党后，汉娜也和他决裂了。与此相反，她自己就像她的导师卡尔·雅斯贝尔斯一样，深受“人类必须根据良知来自由决定如何生活”的影响。

1961 年，汉娜·阿伦特以记者的身份为美国周刊《纽约客》报道艾希曼审判，那时她面对着“无所依靠的思维”和必要的“判断力”的社会政治问题。1963 年，她在当时发表的文章基础上作了加工，出版了《艾希曼在耶路撒冷：

一份关于平庸的恶魔的报告》，获得了广泛的关注，但是副标题惹怒了她很多犹太裔的朋友。他们以为她要淡化艾希曼的罪行。前党卫军将领阿道夫·艾希曼逃亡到阿根廷，并用假名在当地生活，直到1960年5月在阿根廷被以色列情报人员劫持。因为他参与了将犹太人运送到集中营的行动，因此于1961年4月到12月在耶路撒冷受审，被判处死刑，1962年5月行刑。

审判的目的和法律基础在原告、被告还有记者之间备受争执。主要问题在于，艾希曼是否在形式上没有违反纳粹德国的法律，但是因为他反人权的罪行，所以可以甚至必须被判决。阿伦特在她的审判报道中指责主控检察官豪斯纳，依照以色列总理戴维·本·古里安的授意，上演了一场受政治怂恿的审判大戏:“在这场历史性的审判中，没有一个人坐在被告席上，不仅纳粹没有，而且历史进程中的反犹太主义也没有被控诉。”艾希曼和他的律师反而援引了在其犯罪期间有效的德国法律，根据这些法律条款，驱逐犹太人是不被禁止的，他也只是尽忠职守的“无辜执行者”。

阿伦特既不承认政治性也不承认形式法律的立场，而是坚持个人责任。在被告席上“坐着的是一个有血有肉的人”。艾希曼视自己为具体的个人，承担罪责，死有余辜。但是他既不是像原告所说的是个怪物，也不是如他自己形容的，是当时法律的无辜执行者。对艾希曼反人类的罪行来说，以色列法庭并不是法定的审判机构，当时尚不存在的国际法庭才是。阿伦特在报道结尾中说，主审法官本来必须对艾希曼说下面的这些话："还有一点要说，那就是您促进和共同实现了一项政策，即透露意愿，不和犹太民族和一堆其他民族共享这个世界，就好像您和您的上级有权决定谁应该掌管地球，谁不应该。没有哪个人可以被苛求和想这么做并真的这么做的人一起住在这个地球上。这就是您必须被处死的唯一原因。"

不依靠宗教、道德或者法律规范，对汉娜·阿伦特来说，在她虚构的审判结语中的主要问题是我们作为社会或者个体是否愿意和一个杀人犯一起生活。在后来的作品《心智人生》（1979）中，她认为决定性的问题是良知："遭受不义胜过行为不义，因为可以继续做受难者的朋友；但是谁又想做杀人犯的朋友还必须和他一起生活？连另一个杀人犯都不愿意。"首先，没有人想和杀人犯一起生活。阿伦特假设，我们良知的声音尚不可能被完全淹没；我们还可以做到我们平时说的"注视镜子"。在汉娜·阿伦特看来，没有人可以依据外在主管部门或者适用的规定摆脱决定性的良知问题以及如何生活的问题，每个人必须为自己负责。为此需要判断力（参见第一段引文），"那些判断的人，自由地判断"，而且并不是把个别情况归入确定的规则之下，"决定个别情况可以给自己提供什么，就好像对他们来说，没有普遍规则一样”。阿伦特以自己对这两种判断力的区分，追随了康德的理论。康德区分了“决定”的判断力，即将个别情况归入普遍原则之下；还有反思判断力，它必须在没有普遍原则的个别情况下做出判断。对汉娜·阿伦特来说，反思判断力在“道德原则性问题极其混乱”这段时间非常有必要。从不能区分诱惑和胁迫的“文学圈”角度来看，可以举一个例子，“如果一个人拿着枪抵着你胸口，命令你射死你最好的朋友，你也必须这么做”；或者是对一名大学教授在电视谜语节目中的骗局的理解：“如果这个游戏涉及很多钱，谁还能拒绝呢？”

阿伦特坚定地研究判断力和无所依靠的思维，打击了那种习惯依附于固定规则或者思维套路的思想。她的模范是柏拉图笔下的苏格拉底（参见第二章）。她这样论证，自古典启蒙以来，再经过苏格拉底时代，思考从未趋向稳定，而是造成了概念和道德的不稳定。在阿伦特看来，苏格拉底是运用日常概念或语言的“非专业思维典范”。比如说“房子”，“‘房子’这个词类似于冰冻的想法，如果想知道它的原始意义，必须靠思想来解冻”，它的本意即“安顿，居住，有个住处”。阿伦特认为，苏格拉底的尝试是矛盾的。如果要研究“房子”这个词的意义，“就不会那么容易接受针对自己家的各种时尚法则”，然而也找不到什么新的固定办法——就价值而言——面临踏入虚无主义的危险："苏格拉底身边有像阿尔西比亚德斯和克里蒂亚这样的人——上帝知道那是他最调皮的学生——发展成为对城邦真正的危险……因为牛虻激活了他们，而且毫无节制，玩世不恭。……如果我们不能定义什么是虔诚，那我们就是不虔诚的。"即使存在这些危险，阿伦特仍然坚持她的要求："每当在生命中遭遇困境，必须要重新思考。"

作为艾希曼审判的报道记者，汉娜·阿伦特自己就身处于一种必须"重新思考"和判断的境地，不能依靠现存的法规。在那份对艾希曼的审判的虚构的法官结语中，她只能参考良知，"来分辨正义与不义"。阿伦特实践过的，并且要求每个人都要做到的"没有依靠的思维"是痛苦的，因为并不是每个人都有能力做到，所以他们感觉自己是被苛求的。在个别情况的具体应用中，自由判断力是有风险的，就像那个时候——阿伦特的犹太朋友和战友库尔特·布鲁门菲尔德、哥舒姆·舒勒姆，或者汉斯·约纳斯离她而去时，她所经历的那些痛苦。她作品的副标题《一篇关于平庸的恶魔的报告》已经让她的很多犹太朋友和公众不快，引起充满恨意的反应，因为她敢于把体现在阿道夫·艾希曼身上的邪恶描述成平庸。相反，阿伦特期望在书出版后进行的讨论是许多人望尘莫及的。他们将这个副标题误解为理论而不是对艾希曼这一个别情况的报道:“这个报道本身,邪恶可能的平庸只在事实层面被表达出来,这是不可能被忽视的现象。”此外,阿伦特根本不像批评者以为的那样,将艾希曼的罪行和这个人无害化。对她来说,即使案宗中的被告显得“甚至滑稽可笑”,她也不是无情冷漠地展示被告。恰恰相反,她在被告的平庸中看到的巨大不幸超出了在邪恶之中看到的不幸:“这样脱离现实且不经大脑所造成的伤害,也许更甚于所有深埋心间的邪恶冲动,这是我们在耶路撒冷得到的教训。可是这只是一个教训,既不能解释这个现象,也不是和它有关的理论。”

除了她对邪恶现象或者邪恶的人的“无害化”理论让人反感外,阿伦特还批评纳粹时期的犹太组织和毁灭集中营的“犹太顾问”,这也不讨人喜欢。他们没有反抗,甚至提供协助,比如选择“有价值”的犹太人,还有沉默忍受他们被杀害:“为什么他们不拒绝做屠杀自己同胞的帮凶,最后就这样堕落下去?”没错,阿伦特是应该被批判,但联系着她的审判报道来看,人们其实批评得不在点儿上。根据她当时可用的档案,她错误评价了艾希曼这个人和他的行为。新的档案呈现出一个完全不同的形象。艾希曼并不是“平庸的”、脱离现实的驱逐犹太人行动执行者,而是一个计划周详、目标明确的行动派(斯坦耐特,2014)。

不过,这并不能改变阿伦特的根本警告:“在极权的统治机器里，也许在官僚机构的本性中，就是要把人变成管理系统里纯粹的齿轮并且去人类化。”通过极权的统治机器去人类化，或者今天我们观察到的，通过科学主义的还原论（参见第九章），汉娜·阿伦特的哲学信念是，这无论如何都不能造成“用决定论要把戏般让罪犯为自己的罪行推卸责任”。在被胁迫的情况下保持人性，毫无疑问，这几乎是不人性的，但却是有必要并且原则上可以实现的要求。阿伦特就以德国士兵安东·史密特的例子说明了这一点。这个士兵冒着生命危险帮犹太人逃跑，自己暴露后被处决。汉娜·阿伦特激进地评判：“在恐怖统治下，大部分人屈服了，但有些人并没有。……从人性角度看，并不是那么迫切需要，理性上也无法要求更多，这样这个地方就还继续是适宜人类居住的星球。”

阿伦特对艾希曼个人的错误评价，还有她对犹太人不抵抗政策的批评都是不合适的，但这绝不会让她“无所依靠的思维”和自由“判断力”失效，但却展示出这两者推行起来的困难。汉娜·阿伦特无条件赞同，我们在个人行为、社会行为还有政治行为方面需要判断力，以适应个别情况。这不仅在我们无规则可遵循（不再有）的情况下有必要，当我们有或者以为有了规则时也是必要的。判断力既不是从普遍到特殊，也不是从特殊到普遍，也就是说，我们必须把个别情况归入一个现有的普遍规则下，或者对每种情况都做这样的决定，“就好像对这个情况不存在普遍规则”（第二段引文）。根据汉娜·阿伦特的理论，第二类判断力是要求艾希曼和他的法官的。很明显，她认为第二种类型比第一种难实现。但是即使是个别情况下，比如安乐死，引用普遍基督教原则或杀戮戒律规则，并不能确定是否可以由此得出，在具体情况下赞成或反对安乐死。即便有的人处于坚定并且考虑周全的情况，在例外或者极端情况下开始怀疑，还是会经常做出和以往期望不同的决定。有些人会提前拒绝在紧急救治中的各种形式的主动或被动的安乐死，但是在后来具体的极端情况下，他会为了自己或者亲朋好友至少去接受被动的安乐死。在具体情况下，借助良知来追求普遍原则无疑是最难的，相反，根据现有的普遍原则来判断个别情况还是比较容易的，但也同样需要判断力。这两种情况下，人都无法做出确定但是可以尽可能接受的判断，有时候只能自己支持自己的判断。

解决判断力这个问题，是康德《判断力批判》的主题，汉娜·阿伦特在第二段引文中也间接引用了，在她留下的著作《判断：康德政治哲学讲稿》（1985）里做了详细的阐释。我想用苏格拉底的例子代替她那个“多美的玫瑰啊”这个例子，以此来区分形式、美学和道德的判断。

按照阿伦特的说法，命题或者判断“苏格拉底终有一死”接的是三段论法的纯形式推演，即不考察其内容。第一个前提是“所有人都会死”，第二个前提是“苏格拉底是人”；根据定义，苏格拉底作为人就属于会死的人那一类的。就这样，我们得出了纯粹形式的，并且毫无疑问的结论：“苏格拉底终有一死。”美学判断与此相反，“苏格拉底很丑”——不是纯粹形式有效，而是在内容上，根据事实和“丑”的标准才有效，但原则上也可以反驳。秃头、眼睛凸出、酒糟鼻，还有大肚子，苏格拉底以当时（今天也是如此）的标准看来就算是特别丑的了，但是凭借内在美得到了阿尔西比亚德斯的夸奖。苏格拉底真的那么丑吗？第三个道德判断：“苏格拉底是正义的。”这个原则上要复杂多了。首先，要说清楚的理论是，怎么理解“正义”，应该声明哪些普遍特性。如果一个正义的人可以在判断和行为上都做到客观无偏见，并且公平（标准），这个时候他进一步认识苏格拉底（事实），那么肯定会赞成这个判断，但也会在怀疑的时候去争论。艾希曼的情况既涉及道德判断同时也涉及法律判断。尽管如此，不仅是这里的标准（现有的纳粹法律或者人权），还有人的实际行为（无辜的执行者或者有责任的人）从一开始就有争议。

汉娜·阿伦特在表明个人立场时，引用了人权优先于实际法律情况，在评价被告时，引用了个人责任优先于盲目服从法律。她所运用的是“反思”判断力，就像康德在《逻辑学》（1800）中区别的那样：“判断力有两重含义：

决定的或者是反思的。第一种从普遍到特殊，第二种从特殊到普遍。”阿伦特的判断力是“反思的”，因为她在判断艾希曼这一个别情况时必须先找出有效的普遍性，引用人权来代替纳粹法律。此外，她的判断力还是“决定的”，因为她在艾希曼这一特别情况下引用了普遍人权，而他的行为是不能纳入其中的。原则上，她鼓励每个人都有这两种形式的判断力，包括艾希曼也必须使用它们。所以，他不能以此为自己洗白，自称自己只是机器中的齿轮，只是尽忠职守而已。他甚至不能以康德的定言命令为根据，阿伦特认为它“让每个人惊讶”，但艾希曼可以相当准确地阐释：“我的理解是，我意愿的原则和我奋斗的原则必须是可以随时上升为普遍法规的原则。”但是根据阿伦特的看法，艾希曼把康德的普遍道德准则套用成为第三帝国的普遍法规，他重新拟定的定言命令被汉斯·弗兰克遵循：“你应该这样做，如果领导者知道你的行为，这也不会得到他的赞同。”艾希曼不仅修改了语言，而且连法律的精神都遵循希特勒的意志，（只）符合康德的思想到这种程度。

在个别情况下，我们靠着判断力并不能获得确定的结果，必须敢于使用“无所依靠的思维”。这样的思维可能显得不可靠，但在阿伦特看来却比遵循好的规则要可靠：“怀疑者和怀疑论者要可靠得多，并不是因为怀疑论好，怀

阿伦特既不承认政治性也不承认形式法律的立场，而是坚持个人责任。她在表明个人立场时，引用了人权优先于实际法律情况，在评价被告时，引用了个人责任优先于盲目服从法律。她所运用的是“反思”判断力。

疑有效什么的，而是因为这些人已经习惯检测事物，构建自己的看法。最好的是那些至少清楚知道一件事的人：只要我们活着，就被诅咒要和自己一起生活，无论发生什么都是这样。”阿伦特认为，“和自己一起生活”意思是根据对人性的想象，想和自己和他人一起生活，康德的定言命令也表达了这一点（参见第八章）。以此为基础区分正义、不义的能力，构建自己的判断的能力。阿伦特的观点是，“穿越所有社会差别，穿越所有文化和教育差别”。对人类来说，对道德性的想象并不是生物天资或者宗教教条赋予的，其实它是合作行为的根本能力，是生物进化形成的（鲍尔，2006；托马塞洛，2014），是直到经过教育和判断实践之后才对正义和不义的看法发展出的“共通感”（康德）。赫伯特·施奈德尔巴赫确信这种共通感的文化：“不是像乘法表一样传授给我们的，因为它无法归结为普遍原则并且精确定义；我们同样必须在其中言传身教，但是并不是通过科学指导，而是通过参与到主体的判断实践中，这样可以尝试运用判断力并且让它变得敏锐。”施奈德尔巴赫还补充，“这并不是说，知识在这里没有用；我们必须知道很多，才能在某些领域进行切磋。但是这些知识必须来自经验，也就是说来自处理具体的个别情况的过程中”。

除了教育、实际评价、经验及知识外，我们在“无所依靠的思维”方面还需要规则或标准，例如人权、基本法、宗教和道德价值，还有法律法规。阿伦特也绝不是声称我们要放弃规则，而是说，即使好的规则也不能没有判断力来辅助。没有什么规则手册会告诉你，如何在个别情况下由特殊到普遍或者由普遍到特殊，因为每种个别情况都不同，每条规则都需要诠释和修改。所以，针对无争议的情况，我们需要有所依靠的思维，而在有争议的情况或者例外状况下，还有日常情况下，我们也需要无所依靠的思维。并不是每个人都像艾希曼一样，为了有利于人性就凌驾于法律和命令之上，但是每个人每天都必须在美学和道德问题上做判断，从穿什么衣服到把钱花在哪儿或者拿钱去帮别人。这可没有固定的规则，但是也仍然要做出恰当的决定。

最后的思考实验，我们可以考虑一下，汉娜·阿伦特是否可以被柏拉图归入《理想国》的哲学家统治者之列（参见第三章）。她是女哲学家，不是男哲学家，这在柏拉图看来并不是阻碍。因为在他对理想国的规划中，柏拉图笔下的苏格拉底在未来哲学统治者的教育进程的最后强调，如果“天资聪颖”，那么“女性统治者”也包含其中。阿伦特是苏格拉底学说的门徒，自己最后也依据她的良知和自由的思想，而不是死板的规则。阿伦特在柏拉图后来的作品《法义》里的规则手册中，完成了一项重要任务，她成为由37名法律卫士组成的“夜间委员会”的成员之一，其中，对现存法律的运用并不起到执行的作用，而是控制。根据柏拉图的看法，法则或规则可以单纯被视作次优和暂时的解决办法，需要额外的建议，或者像汉娜·阿伦特也会说的那样，需要“判断力”。举个建议实例，比如苏格拉底早期关于这个问题的对话录《克力同篇》里的问题，苏格拉底是否可以逃出监狱（参见第二章）。在柏拉图的《政治家》中，“陌生人”在和“年轻的”苏格拉底的对话中进一步论述了准则和判断力的关系：

> 陌生人：以这种方式就很明显了，立法是君王的艺术；但是最好的一点是，并不是法律有权力，而是如帝王般明智的人才有权力。你知道这是为什么吗？
>
> 年轻的苏格拉底：说吧，你为什么这么觉得？
>
> 陌生人：因为法律不能准确涵盖所有最有效的和最公平合理的，所以不能发号真正的最佳施令。由于人和行为的不相似性，还有乱世之中的变动，让任何艺术不能为全民在任何时间创造简单的东西。这一点我们承认吗？
>
> 年轻的苏格拉底：为何不呢？
>
> 陌生人：但是我们看到法律恰恰在追求这个，就像自负和很难教的人一样，他们不听劝，只按照自己

的规矩来，还不接受他人的质疑，即使有一些在别人看来更新更好的东西，如果不是他自己制定的，那就不行。

年轻的苏格拉底：你说得对，正如你所说，法律就是这样对待我们所有人的。

当然，我们不知道，柏拉图是否会在个别情况下，赞同任命女性或者像汉娜·阿伦特这样的女门徒成为哲学家统治者圈子中的一员，如果他真的这么做了，他是否会给她除了忠告性质的不同意见书之外更多的东西。我们也不知道阿伦特是否接受这样的名誉。无论如何，一位无所依靠的女思想家和一只牛虻的作用要与各自的思想、生活匹配。这位女思想家想了解政治上发生了什么，而这只牛虻用哲学刺痛了统治者和公民。他们肯定尝试过，通过民主决策的形式来替代柏拉图的哲学统治，这种民主决策要求每个人进行独立的思考，做好自己的判断。

汉娜·阿伦特在积极生活和心智人生这两片紧张区域探讨哲学问题，正好是她两部作品的名字。由于对妄称自己是一家独大的正确思维的哲学的不信任，她不愿给自己冠以“哲学家”的头衔：“我不能被视为‘哲学家’，或者归入他们之中，康德不无讽刺地叫他们‘业内思想家’。”阿伦特苛求每个人也包括艾希曼拥有无所依靠的思维，但同时否认了

“业内思想家”的垄断地位，从而打击了自己的过高期望。柏拉图的哲学统治也会受到影响。对他们来说——就像柏拉图做的那样——他们只会在政治和公共场合咨询。因为对于“无所依靠的思维”，运用良知、健康的人类心智和五感，原则上每个人就都是有能力的了。

11

今天哲学还能刺痛谁?

哈里·法兰克福的《论废话》和公共哲学

幸运的是，在自由民主之中，哲学将在宽广的层面发挥公共影响力；即使在不自由的社会，它也不会让所有人缄默。人们可以区分五种有公共影响力的哲学可能性：流行化、媒体存在感、政治－社会存在感、机构存在感，还有公共教育系统地位。

骗子不让我们知道，他们试图让我们偏离对事实的正确感知。我们不应该知道，骗子想让我们相信他自己都觉得是错的东西。废话者恰好相反，他不让我们知道，他自己主张的真实价值对他而言没什么意义。我们不应该认知到，他既不想说出真相，也不想隐藏真相。……他的主张是否正确描述了事实对他而言无关紧要。他只是为了自己的目标，简单地挑选出来或者陈述这些主张。……如果情况使人不得不谈论那些不懂的东西，废话总是不可避免的。如果一个人面临或者受命谈论超出他的认知的主题，就会刺激废话产生。这些矛盾经常发生在公共生活中，人们自己——出于个人动力或者受他人命令——经常是被迫深入阐述他们所知甚少的对象。这方面有个广为流传的信念，即在民主下，人们有义务针对所有可以想得出来的主题，或者至少是对那些对公共事务有意义的问题发表自己的看法。个人的看法和他对事实的认知之间欠缺明显关联，在那些视自己为道德思想存在的人，认为自己有义务去评判地球上的事件和事物的人身上更是巨大的。

如今，废话流传广泛，其深层原因在于怀疑主义的多种形式，它否认我们接近客观真相的可靠入口，还声称我们永远也不能认识事物的真实性。这种“反现实”教条埋葬了我们对何为真伪问题的解释付出的努力，还有对其价值的信任，甚至埋葬了我们对客观研究的概念的信任。

“每个人都要自知！”最近总听到少年和成年人说出这句话，不管是在私人还是公共场合。随之而来的就是经常有对这所谓的权威不信任，也是对自主的诉求。首先，这句话由少年之口说出来，就表达出面对所谓的自以为是之人的反抗态度，不管是父母、老师还是政客。这句话听起来正确且理性——苏格拉底和其他牛虻都会高兴吧。但是“每个人都要自知！”这句话并没有显露出对自主的诉求，而是被美国哲学家哈里·法兰克福（1929 年生）称为“废话”的态度，指的是一种随意性和相对主义的根本态度，在这种态度看来，我们所说和所做的一切最后都是无谓且无用的。换句不好听的就是：“哎呀，无所谓！”

法兰克福所说的“废话”指的并不是人们贬低其他思想者时说的“胡说八道”或“蠢话”，其实他在同名的那本薄薄的书《论废话》（2006）中指的是一种根本的并且在今天广为流传的态度，即漠不关心地对待追求真相的努力。法兰克福对“废话者”的理解是，他们不论对自己还是他人所说的话，不管真假与否，都无动于衷。他们只重视自己给其他人留下正确的印象。在媒体社会，政客、商人、广告商或者其他影响力量，只重视效果，而不是真伪。这需要废话，而不是为真相付出的努力。法拉克福继续解释废话的流传，首先是公众人物，必须在媒体上对一切可能给出快速的判断，不能甚至也不想充分审视自己的主张。虽然说谎的人知道，或者至少打算知道何为真、何为假，而其他人却想要为了利益欺骗对方而获得更好的知识，这一点对废话者而言无所谓。废话者只是谈谈而已，也就是“满嘴跑火车”。

对真实的原则上轻视，就是轻视事实和论据，在法兰克福看来，对私人和公共行为都有危险，因为共同行为的可靠性将无所依存。如果有人言、行均不重视事实，那就会为自己和别人带来严重的伤害，最明显的就是在科技、经济和健康问题方面，也同样会在道德－法律和政治方面。哪怕是客观研究或者科学，这些作为我们科学技术世界的基础，也将不复存在。除了媒体和民主意见的言论，法兰克福认为，如今废话广为流传的深层原因在于认识论前提被“怀疑主义的多种形式（否定），它否认我们接近客观真相的可靠入口。……这种‘反现实’教条埋葬了我们对何为真伪问题的解释付出的努力，还有对其价值的信任，甚至埋葬了我们对客观研究的概念的信任”（参见引文）。

怀疑论的理论或学说究竟可以对公众造成多大的影响，很难证明。相反，普遍时代精神和学术哲学的相互作用是可以预见到的，学术哲学“被把握在思想中的它的时代”（黑格尔），但是他们的思想又给他们的时代打上烙印。可以这样区分，即认识论的怀疑主义对一切无所谓或漠不关心，因为我们不能认识到来自实践的事实、逻辑和自然科学的法则还有道德信条；本体论的怀疑主义从中得出的结论是，不存在我们不能认识到的东西，这句话就是不存在的。日常生活中，在政治甚至是在科学方面，那些有权力把最大的职权或者随从捆在身边的人，既不关心审视自己的言论也不关心前提。还有哲学家也不能用自己的基础性问题和回答来伤害任何人，除此之外，他们只是纯粹的“哲学家”。

就像我们补充法兰克福的言论那样，所谓的激进建构主义也属于怀疑论或者反现实教条。根据激进建构主义，不仅我们对现实或者事实的看法纯粹是主观的，而且事实本身也就是我们的建构——甚至是不存在的。这样的看法和青春期的反抗态度相反，就像来自慕尼黑的哲学家朱里安·尼达－胡姆林观察到的一样：“年纪大点儿的孩子和青少年经常……至少在某段时间，采取建构主义的态度，让他们省得去争论那些客观上的客观理念和某些态度。这种‘青春期’建构主义很吸引人，因为它让人的主观看法不被批判。”法兰克福认为，废话态度不仅是发展中的哲学问题，也是认识论问题；尼达－胡姆林毫无疑问也对此表示赞同。认识是什么，事实是什么，哲学从一开始就研究这些问题了，比如普罗泰戈拉的“人是万物的尺度”命题，还有柏拉图的“洞穴之喻”（参见第三章）。

即使没有人在自己行为方面是一贯的反现实者，宁愿使用有经验的工程师而不是诗人或者魔术师建造的桥，原则性的废话态度却销蚀了我们对研究和追求各种形式的认知的信仰。所以，无论如何，我们都要彻底审视这些。首先，我们必须认可激进建构主义者，比如瓦兹拉威克、冯·福斯特或者冯·格拉塞斯费尔德，他们主张，对认知和现实的必要一致性的通用认知理论和日常看法，其失败之处在于它是循环的：为了可以确定一个这样的一致性，现实必须是已知的，这样我们才应该拿我们的认识与其一致性进行比较。就一致性论点而言，认知实际上是不可能的。尽管如此，建构主义者如果想要行为成功，就同样不能否定事实，也不能随便诠释。我们的说法必须“可行”或者“可通行”（拉丁语 via，路），就像格拉塞斯费尔德要求的那样。“在这样的关联情况下，我们将某种行为或思考方式称为‘可用’或‘可行’，如果它可以克服所有阻碍（由行为自身产生的存在）达到预想目标。”我们必须也可以通过行为的失败和成功来确定，存在着一个不依靠我们的既存现实，它使某个行为成真，或

人是万物的尺度。哲学可以就根本问题一再推动个人和公众继续思考。哲学牛虻永无止境地对抗“神灵”的优势和人类的懒惰与懦弱，还有很多其他在做的事情——怀着对更人道、更自由的生活的希望。

者也让它不能实现。所以，冯·格拉塞斯费尔德认为，建构主义者也必须区分“在‘幻想’和‘现实’之间，在‘主观’判断和‘客观’判断之间的差别”。

格拉塞斯费尔德举了个例子，失明的徒步者在森林徒步的时候不能看地图，无论他的地图是否和现实一致，而是必须穿过树和其他障碍物，找到一条可行的路。尽管如此，这个例子也备受诟病，因为失明的徒步者身陷危险区域，可能会在巨大风险下自己找到出路。这个例子中的失明的徒步者应该换成视力正常的徒步者，借助感官和谨慎的思考才有可能找到一条合适的路。

对现实的一向受限但完全可能的经验和认知，在佛陀盲人与象的比喻中也有体现。这个比喻有不同的版本，但所有版本内容都大同小异。一个国王给几个生来失明的人一个任务，让他们去研究大象。最后，国王问他们：“盲人啊，你们体验过大象了吗？”“是的，国王陛下，我们体验过了。”“那么现在告诉我，盲人啊，大象是什么？”这个故事佛陀的版本是，盲人向国王保证，大象像一口锅（头），像一个软篮子（耳朵），像一把犁（象牙），像一座谷仓（身体），像一根柱子（腿），像毛刷（尾巴尖）。事实上，大象本身就可以以多种不同形式去体验和认识。大象是确实存在的，每个人都可以对它有不同的想象，只要这些想象符合实际。有些想象就不合实际了：比如说骑着大象飞，即使它的大耳朵可以被想象为翅膀；此外，还有人说它可以在太阳下融化，虽然它的皮肤可以变得很柔软；或者它是一架钢琴，即使它可以发出很大的声音。

我们可以根据成功徒步穿越森林的经历，为其他人在地图上描绘出来，哪儿没有需要担心的障碍或者“物体”，哪条路可以顺利走下去。我们还可以在那群盲人的经验的基础上，画图来描绘大象是什么，它看起来什么样，可以用来做什么。虽然无法认识现实本身，但是我们可以体验，哪些行为或者道路是有可能的，哪些没有。并不是所有的路都可以通往预设的目标，只有“符合”可体验的事实的路才可以。有一句习惯用语“合适”，主要在阿尔卑斯地区使用，经常作为“没错”或者“好吧”这样的空话来用，原始意义是表达山间一条合适的路的体验。建构主义露出实用主义的真相，事实并不和现实一致，而是被视作通过所体验的现实的证明（参见第三章）。

在以符合现实为基础的“断定”和得不到承认且无理论依据的“随性”之间存在第三种可能性。这个可能性已经是柏拉图笔下的苏格拉底代表的看法了：知识是尽善尽美的论证并证实的真实意见。这个看法以可用实验、实际行为和论证修改的事实经验为基础。即使我们不能认识到事实，只能从不同的观点去体验，现实仍然无可否认地作为我们行为和思想的基础。寻求真相绝不是废话，而是涉及区别事实、谎言和错误的真实可能性。“每个人都要自知！”这句话不是说，每个人都可以按照适合自己的去思考和行动，而是要按照对自己而言适合的可体验的现实结构来思考和行动，不管个人或者任何团体是不是喜欢这样。从这个意义上看，“每个人都要自知！”和康德诠释的座右铭相同：“鼓起勇气，只服从你自己的理性！”

但是，即使拒绝根本的废话，认为追求真相是可能的，在这个越来越功能化组织的、几乎不允许个人思想的社会，事实上似乎是不可能或者行不通的。相反，原则性的怀疑论和反现实主义实际上自相矛盾的异议受到废话者欢迎，因为哲学论证一直都不适用。封闭的行为和思想系统内的深入探讨也被抵制，就像戴夫·艾格斯在小说《圆环》中描绘的那样（参见第一章）。哲学家马克斯·霍克海默（1895—1973）在1970年接受采访时，已经预见到，向“被管理的世界”发展在不久的未来会发生，哲学在其中被视为“人类的儿童事务”：“由于科技发挥的力量，人口的增长，个别民族在僵化组织的团体中不断重新调整结构，通过权力群体间无情的竞争，我认为，世界整体管理无法阻挡。凭借经济和科技，人类屈服于自然的巨大力量。如果这种力量——比如说原子能——不应该作为摧毁力量来加以利用，那它就必须被绝对理性的中央管理负责。……虽然事务繁多，但其实还是很没有意思，很无聊。总有一天，哲学也会被视为人类的儿童事务。”

和西奥多·阿多诺一样，马克斯·霍克海默也是非教条新马克思主义“批评理论”的知名代表，他将哲学理解为原则性的“对现存之物的批评。这不是说对个别想法或者状态吹毛求疵，好像哲学家就是个可笑的怪物似的。也不是说，哲学家抱怨这个或那个孤立的状态，建议补救。这类批评的真正目的在于阻止人类在那些想法和行为方式上迷失自己，也正是社会先进的组织造成的那些想法和行为方式。”在他的作品《工具理性批判》（1967）中，霍克海默反驳了一种思想的发展，这种思想只以最有效率的方法为目标，而不反思目标的合法性。同时，他也反对将人类变成纯粹的工具的社会，它让人类认识不到自己就是目的本身。哲学的基本问题，同时也是人类的基本问题，将不再被提起。霍克海默自己在采访中提了关于“卓越”的问题，即在这个世界上遭受的不公不义是不是永远都可以逍遥法外，或者是不是罪人和牺牲者在“另一个”世界可以得到一个补偿的公道。借此他还向上帝提问，就像采访的题目一样，上帝可以满足“对完全不同的渴望”。凭着他向康德提出的问题（参见第八章），霍克海默不仅刺痛了被管理的世界的功能，还刺痛了批评理论中他的无神论同行，如果他们还注意到这个问题的话。

像霍克海默担心的那样，在一个充斥着越来越多被迫和广为传播的思想有效性的世界，哲学是不是已经从他们古老的、希望充满“对智慧的爱”的生活梦想中醒来？“每个人都要自己思考，谈论和做他想要的。事物的发展反正是由专家和权威决定的。”我们人类是否必须放弃对抗神灵的斗争？这场斗争开始于古典神话中的西西弗斯，以将自己的生命确定为人类。如今的哲学不再刺痛任何人了吗？即使霍克海默的担忧没有成为现实，恰好相反，具备思想和言论自由的民主传播越来越广，哲学式的真相追求似乎越来越不可能。几乎没有人会让哲学的挑衅伤害到自己。如果不过分妨碍别人的自由，那么每个人都可以说和做自己所想的。

可是这两种担忧，一种是完全的“被管理”，另一种是完全的“开放”社会，并不是说这是哲学的终点，相反，其实是对哲学的挑战，要超越“行业哲学家”狭隘的圈子，对公众发挥作用，这样才不会让担忧成为现实。再严密的系统也无法让会思考的成年公民失去思考的能力，就像汉娜·阿伦特以艾希曼审判为例展示给我们的那样（参见第十章）。幸运的是，在自由民主之中，哲学将在宽广的层面发挥公共影响力，即使在不自由的社会，它也不会让所有人缄默。人们可以区分五种有公共影响力的哲学可能性：流行化、媒体存在感、政治－社会存在感、机构存在感，还有公共教育系统地位。

· 首先，哲学的流行化，是对哲学的历史、思想家、体系和基本问题的理解，比如在大学的公开讲座，或者各种出版社出版的哲学入门系列丛书。哲学的流行化的目标是，将哲学易理解、基础性的知识传播给哲学系和其他专业还有感兴趣的民众。最有名的例子就是乔斯坦·贾德的著名畅销书《苏菲的世界》，最初由一家挪威出版社（1991）作为哲学入门读物推出，没有人预料到之后这本书取得了几百万销量的成绩。

·第二是哲学的媒体存在感。首先，这不是学院科目——哲学的流行说法，而是在媒体中讨论关于普遍利益的主题。除了电视和广播里的个别或系列节目外，还必须提到报纸副刊的文章，还有“哲学咖啡”、网络和博客以及杂志，比如 2012 年 2 月《科学万象》中以“哲学最大的谜团”为主题的特刊，探讨了像精神哲学、自由意志、人类和动物的关系、感觉和理性的关系，还有人权以及理性与信仰这些内容。

·第三，公共哲学的政治 - 社会存在感，可以列举出近代重要思想家的名字，比如卡尔·雅斯贝斯和卡尔·弗雷德里希·冯·魏茨泽克对原子弹制造提出过警告，伯特兰·罗素自立于和平主义，让 - 保罗·萨特努力推进人道马克思主义。时至今日，特别是尤尔根·哈贝马斯参与社会 - 政治辩论。《时代周刊》甚至在头版祝贺他 80 岁生日，称他为“世界级的哈贝马斯”，他也被视为“全世界最有影响力的知识分子”（《时代周刊》，2009 年 6 月 10 日）。当时的德国总理赫尔穆特·施密特提出的政治和经济方面的普遍建议也可以被视为哲学的，尤其是这些建议和哲学传统有明显的关联性：“……古希腊人和希腊文化的价值，由西塞罗保留下来……我们既不想反对卢梭，也不想反对孟德斯鸠、伊拉斯谟和大卫·休谟，还有伊曼努尔·康德。”（《时代周刊》2012年6月5日）

·第四，哲学还对公众、委员会和机构产生影响力，比如德国伦理委员会、医院伦理委员会和动物研究委员会。重点不在于专业哲学知识，而是根据苏格拉底的方式继续思考的方法论技能（参见第二章），要求内容上的论证潜力和清晰简洁的表达。由于媒体的力量，哲学如今的公众性不仅限于“市集广场”这种地点的转换，还有内容上的挑战也变了。理性思考作为一种科学的思考被窄化，矛盾的科学技术进步的后果早已不容忽视。常用的关键词很快就可以列举出来：环境破坏，健康保障，社会公平，军事公民使用的原子能、基因技术和信息技术，还有气候与人口变化，世俗化社会的原教义带来的威胁。

·如果哲学在公众之间不仅是稳定的哲学知识，而且是活跃的哲学，应该在批评与自我批评这个层面上教导反思。这就是第五条，教育系统的哲学，具有非常重要且意义非凡的任务。虽然其他形式的哲学也可以在公众之间引起并丰富拓展普遍讨论，但是却几乎不能熟练运用独立的哲学思维。正如康德在他1784年的启蒙文章中现实而又讽刺地说的那样，幼稚就是比自我思考要“舒服”：“如果我有一本书，为我所理解；我有一位牧师，为我而有良知；我有一位医生，为我评估饮食习惯，还有诸如此类的，那么，我完全不需要自己照顾自己了。”因为很难广泛传播启蒙思想，康德更注重个人教育。人必须“早点儿开始让年轻的头脑习惯这样的反省”。对孩子和青少年来说，康德是研究哲学的推动力。在德国，伦理学和哲学课程——通常——作为宗教课的备用方案，选修的学生越来越多。这门学科，还有和小学的孩子们一起研究哲学，以及在某些课程中研究哲学，涉及的不是让学者派、学院派的哲学变得流行，而是基础的教育过程。毫无疑问，这里学者派、学院派的哲学无可避免是教师的背景知识。尤其是在哲学和伦理课上，可以把哲学的原则性问题和回答传授给许多我们社会未来的公民，可以在阅读、书写、计算之外把哲学思考发展成为“基本文化能力”（艾克哈特·玛腾斯，2010），也反过来影响效应广泛的“废话”和唯科学主义。哲学作为独立的学科和公共教育系统的持续教育原则，可以一直“撕咬或者蜇”某个人。

哲学几乎无法达到短期效果。在维也纳的弗洛伊德公园，一座纪念碑上刻着这位伟大的心理学家、启蒙家的一句话：“知识分子的声音微弱，但是在他们被听到之前永不停止。最后，在被拒绝无数次后，他们的声音终于被听见了。

而这，是我们还能为人类的未来感到乐观的几点之一。”同样，苏格拉底和其他哲学牛虻的声音都很微弱。我们只能碎片化地认识到真相，这种观点也许会伤害到大多数人。就像卡尔·波普尔设想的那样，“甚至烧毁了苏格拉底的心”。

即使细碎，哲学仍然自一开始就可以取得进步。它可以更细致更精确地发展基本问题和回答，批判站不住脚的形而上学前提和世界观，还有一些牛虻可对自己的“领域”进行批判。他们最终都可以得到帮助，也同样可以针对科学神话完善个人的思维。特别是哲学可以就根本问题一再推动个人和公众继续思考。哲学牛虻永无止境地对抗“神灵”的优势和人类的懒惰与懦弱，还有很多其他在做的事情——怀着对更人道、更自由的生活的希望。

文献索引

柏拉图的文献是根据斯特法努斯计页法（Stephanus）1578年版本引用的，大部分由施莱尔马赫翻译，由我略作修改（EM）；康德文献的引用采用柏林学院版本（AA）。

汉娜·阿伦特：《无所依靠的思维》。1972年，为了向汉娜·阿伦特表达敬意而举办的学术会议上公开了未曾公开的录音记录。（2013年8月6日网络下载）

汉娜·阿伦特：《判断：康德政治哲学讲稿》，慕尼黑：皮柏出版社，1985。

汉娜·阿伦特：《艾希曼在耶路撒冷：一篇关于平庸的恶魔的报告》，慕尼黑：皮柏出版社，1986。

汉娜·阿伦特：《心智人生》第一辑《思考》，慕尼黑：皮柏出版社，1989。

汉娜·阿伦特:《以色列，巴基斯坦和反犹太主义》，柏林：瓦根巴赫出版社，1991。

犹阿辛·鲍尔:《人性原则：我们为何天生就会合作》，汉堡：霍夫曼坎普出版社，2006。

波爱修斯:《哲学的慰藉》。慕尼黑 / 苏黎世：阿特米斯出版社，1990。

贝缇娜·布斯曼:《何谓遵从科学？以生活世界的科学为基础的哲学理念教学法研究，以科学、密宗和伪科学等主题为例》，明斯特等地：LIT 出版社，2014。

佛陀:《盲人摸象》，2013 年 7 月 31 日下载于网络。

阿尔贝·加缪:《西西弗斯的神话》，雷贝克汉堡：罗沃尔特出版社，2014。

勒内·笛卡尔:《谈谈正确引导理性在各门科学上寻找真理的方法》。斯图加特：雷克拉姆出版社，2010。

勒内·笛卡尔:《第一哲学沉思录》。汉堡：迈纳出版社，1960。

沃夫冈·代特尔:《精神与理解：现代诠释学的历史基础》，法兰克福：克罗斯托曼出版社，2011。

赫尔曼·狄尔斯:《前苏格拉底残篇》第一、二册。都柏林 / 苏黎世：魏德曼出版社，1966。

第欧根尼·拉尔修:《名哲言行录》。斯图加特：雷克拉姆出版社，1998。

戴夫·艾格斯:《圆环》,科隆:奇维出版社,2014。

伊壁鸠鲁:《论克服恐惧》,欧洛夫·葛恭译,慕尼黑:德国袖珍书出版社,1991。

布丽吉特·法肯堡:《深化宿命论:大脑研究给我们解释多少?》,海德堡等:斯普林格出版社,2012。

哈里·G. 法兰克福:《论废话》,法兰克福:苏尔坎普出版社,2006。

多萝西娅·弗雷德:《柏拉图的理型、形式、功能与结构》,载《哲学讯息》,2011。

西格蒙德·弗洛伊德:《幻象之未来》,载《弗洛伊德全集第 14 册》,伦敦:伊马戈出版社,1955。

西格蒙德·弗洛伊德:《文明及其不满》,斯图加特:雷克拉姆出版社,2010。

恩斯特·冯·格拉塞斯费尔德、海兹·冯·福斯特、彼得·M. 海尔、西格弗里德·J. 施密特、保罗·瓦兹拉威克:《现实的建构及客观概念》,载《建构主义入门》,慕尼黑/苏黎世:皮柏出版社,1992。

约翰·格雷:《人类与其他动物:告别人道主义》,斯图加特:柯莱特出版社,2002。

胡特·哈根克鲁勃:《女性经典哲学讲义》,慕尼黑:德国袖珍书出版社,2002。

荷马:《伊利亚特》,罗兰·汉普翻译,斯图加特:雷克拉姆出版社，1979a。

荷马：《奥德赛》，罗兰·汉普翻译，斯图加特：雷克拉姆出版社，1979b。

马丁·海德格尔：《存在与时间》，图宾根：马克斯尼迈耶出版社，1963。

马丁·海德格尔：《什么被称为思考？》，图宾根：尼迈耶出版社，1954。

海因里希·海涅：《作品全集》第五册，慕尼黑：翰思出版社，1976。

赫西俄德：《全集》，不莱梅：卡尔许内曼出版社，1965。

马克斯·霍克海默：《对完全不同的渴望：赫尔穆特·贡尼的访谈》，汉堡：富切尔出版社，1970。

汉斯·约纳斯：《责任原理：论技术文明的原理》，法兰克福：岛屿出版社，1979。

弗兰兹·卡夫卡：《书信集 1902—1924》，法兰克福：S. 菲舍尔出版社，1958。

格尔特·凯尔：《意志自由与宿命论》，斯图加特：雷克拉姆出版社，2009。

索伦·克尔恺郭尔：《非此即彼》第二部分，慕尼黑：德国袖珍书出版社，1988。

海因里希·冯·克莱斯特：《作品与书信全集》第四册，

法兰克福：德国经典出版社，1987—1997。

本杰明·李贝特：《心智时间：意识中的时间因素》，法兰克福：苏尔坎普出版社，2004。

伯纳德·曼德维尔：《蜜蜂的寓言或私人恶行与公众利益》，法兰克福：苏尔坎普出版社，1980。

艾克哈特·玛腾斯：《我思故我在：哲学基础读本》，慕尼黑：C.H. 贝壳出版社，2015。

艾克哈特·玛腾斯：《伦理学与哲学教育方法：哲学思考作为基础文化技巧》，汉诺威：西伯特出版社，2010。

艾克哈特·玛腾斯：《苏格拉底——一次启蒙入门》，斯图加特：雷克拉姆出版社，2006。

艾克哈特·玛腾斯：《柏拉图》，斯图加特：雷克拉姆出版社，2009。

约翰·斯图尔特·穆勒：《功利主义》，迪特尔·毕恩巴赫翻译，斯图加特：雷克拉姆出版社，2006。

威廉·内斯特勒：《从神话到理性：希腊思想的自我开展》，斯图加特：艾弗·克洛纳出版社，1940。

朱利安·尼达－胡姆林、娜塔莉亚·韦登菲尔德：《苏格拉底俱乐部：和孩子谈哲学》，慕尼黑：克瑙斯出版社，2012。

弗里德里希·尼采：《偶像的黄昏，或怎样用铁锤作哲学思考》，法兰克福：岛屿出版社，1985。

查尔斯·S. 皮尔士:《我们的理想如何澄清》,载查尔斯·S. 皮尔士《文集》第一册《务实主义的形成》,法兰克福:苏尔坎普出版社,1967。

卡尔·R. 波普尔:《开放社会及其敌人》第一册《柏拉图的魔法》,柏林:弗兰克出版社,1957。

卡尔·R. 波普尔:《寻找更好的世界》,慕尼黑/苏黎世:皮柏出版社,1984。

格哈德·罗特:《感觉,思考,行为:大脑如何控制我们的行为?》,法兰克福:苏尔坎普出版社,2003。

赫伯特·施奈德尔巴赫:《只是少数情况:愚蠢与聪明边界的判断力》,摘自《法兰克福汇报》2006 网络版。

柏恩·赛登史提克、安杰·威瑟斯:《西西弗斯:从荷马到君特·库内特的文本》,莱比锡:雷克拉姆出版社,2012。

马库斯·乔治·辛格:《伦理学中的普遍化:论道德论证的逻辑》,法兰克福:苏尔坎普出版社,1975。

沃尔夫·辛格:《连接确定我们:我们应该停止讨论自由》,载《脑部研究及意志自由:诠释最新研究》,法兰克福:苏尔坎普出版社,2004。

亚当·斯密:《国富论:国家本质及成因研究》,慕尼黑:德国袖珍书出版社,2005。

布鲁诺·斯奈尔:《精神的发现》,汉堡:克拉森出版社,

1955。

贝缇娜·斯坦耐特：《耶路撒冷前的艾希曼：大屠杀凶手的隐秘生活》，汉堡雷贝克：罗沃尔特袖珍书出版社，2014。

修昔底德：《伯罗奔尼撒战争史》，约瑟夫·费克斯翻译，慕尼黑：戈尔德曼出版社，1959。

迈克尔·托马塞洛：《我们为什么合作》，法兰克福：苏尔坎普出版社，2014。

弗兰斯·德·瓦尔：《优先条件与哲学：进化如何促进道德》，慕尼黑：卡尔·翰出版社，2006。

卡尔·冯·魏茨泽克：《看一眼柏拉图：理念论、逻辑与物理》，斯图加特：雷克拉姆出版社，1981。

沃尔夫冈·韦尔施：《人与世界：演化观点的哲学》，慕尼黑：C.H. 贝克出版社，2012。

马丁·威贝尔出版：《汉娜·阿伦特：她的思想改变世界》，慕尼黑：皮柏出版社，2013。

沃尔夫冈·维兰德：《柏拉图与知识的形态》，哥廷根：万登出版社，1982。

图书在版编目（CIP）数据

哲学之美 /（德）艾克哈特 · 玛腾斯著；陈惠雯，任扬译. —北京：北京联合出版公司, 2018.7
ISBN 978-7-5596-2162-7

Ⅰ. ①哲… Ⅱ. ①艾… ②陈… ③任… Ⅲ. ①哲学—通俗读物 Ⅳ. ①B-49

中国版本图书馆CIP数据核字（2018）第112525号

著作权合同登记　图字：01-2018-3204

哲学之美
作　　者：〔德〕艾克哈特 · 玛腾斯
译　　者：陈惠雯　任扬
责任编辑：昝亚会　夏应鹏
内文排版：书情文化

北京联合出版公司出版
（北京市西城区德外大街83号楼9层　100088）
三河市冀华印务有限公司印刷　新华书店经销
字数：146千字　880mm × 1230mm　1/32　印张：8
2018年7月第1版　2018年7月第1次印刷
ISBN 978-7-5596-2162-7
定价：42.00元